平凡社新書
1044

日本の会社員は なぜ「やる気」を失ったのか

渋谷和宏
SHIBUYA KAZUHIRO

HEIBONSHA

日本の会社員はなぜ「やる気」を失ったのか●目次

はじめに

あなたが悪いのではない

本書を手に取ってくださったあなたは、もしかしたら日々の仕事に以前ほどの「やる気」を出せない自分にとまどいを覚えているのではないでしょうか。あるいは、仕事は決して嫌いではないけれど、あなたの働きに対して会社が賃金などの処遇できちんと報いてくれているようには思えず、割り切れない思いを抱えているのではないでしょうか。

もともと誠実で良心的なあなたは、そんな自分自身にどこか後ろめたい気持ちを抱いているかもしれません。

しかし、断言します。

あなたはそのことに自責の念を覚える必要はまったくありません。

上司や経営者が何を言おうが、あなたは怠惰でも無責任でもありません。

大多数の日本の会社員同様、本来は使命感も熱意も持ち合わせているのに、あなたの会社の誤った経営、誤った社員への処遇によってやる気を奪われてしまっているだけなのです。

あなたが悪いのではありません。あなたの会社の過去30年にわたる経営が間違っていたのです。

日本企業で「熱意あふれる社員」はたった6%

かつて仕事への熱意や会社への献身ぶりを世界中から称賛された日本の会社員の「やる気」は、今、世界最低水準に沈んでいます。

世論調査や人材コンサルティングを手掛けるアメリカのギャラップ社が世界各国の企業を対象に2017年に実施した従業員のエンゲージメント（仕事への熱意）調査は、その実態を如実に示しています。

日本企業では「やる気の無い社員」の割合が70%に達し、「熱意あふれる社員」の割合はたった6%に過ぎませんでした。アメリカの32%の5分の1に満たず、調査した139カ国の中で132位と最下位クラスです。

さらに企業内にいろんな問題をまき散らす「周囲に不満をまき散らしている無気力な社

員」の割合は24％と全体の4分の1弱にのぼりました。

ギャラップ社が２０２３年に発表した最新の「グローバル職場環境調査」でも傾向は変わりません。日本で「仕事にやりがいを感じ、熱意を持って生き生きと働いている」（ワークエンゲージメントを感じている）社員の割合はわずか5％に過ぎず、調査した１４５カ国中、イタリアと並んで最低でした。

ギャラップ社の調査だけではありません。他の企業による同種の調査でも、日本の会社員のやる気の無さは世界で突出しています。

世界39カ国・地域に拠点を持ち、求人・転職サイトを手がける人材サービス企業ランスタッド社が２０１９年12月に公表した国際比較調査でも、日本人の仕事満足度は世界最低でした。「満足している」割合は最上位であるインド人の89％に対し、日本人は42％に過ぎず、アメリカ人（78％）や中国人（74％）、イギリス人（74％）、ドイツ人（71％）を大きく下回りました。一方で「不満足だ」という日本人の割合は21％と、インド人（3％）、アメリカ人（6％）などを大きく上回りました。

「自分たちにやる気が無い」のは妥当

当事者である日本の会社員も、およそ4人に3人が、調査結果を「当然だ」「妥当だ」

図1　「最下位は当然・妥当」は7割超

Q1：ギャラップ社の「グローバル職場環境調査」では、「仕事にやりがいを感じ、熱意を持って生き生きと働いている」社員の割合は日本では5％にとどまり、イタリアと並んで最下位でした。この調査について率直な感想をお聞かせください。

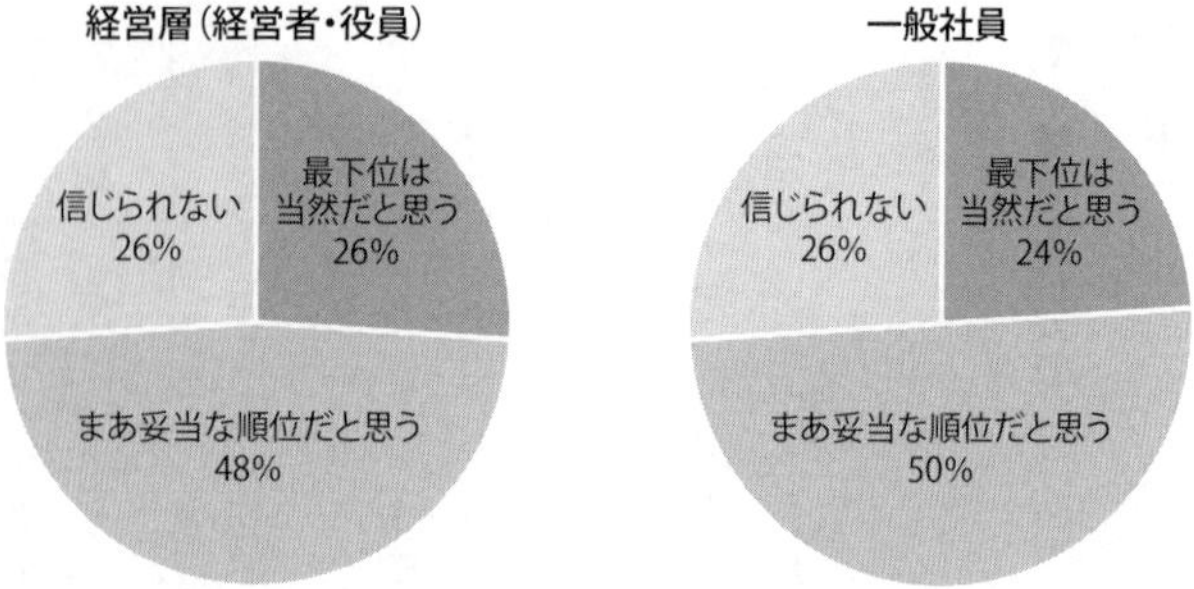

2023年７月に調査、対象は20歳以上、49歳以下の経営者・役員計50人

2023年７月に調査、対象は20歳以上、49歳以下の正社員・契約社員・派遣社員計50人

と受け止めています。私は企業の経営層（経営者及び役員）と、一般社員それぞれに対して、独自アンケートを行いました。「日本で『仕事にやりがいを感じ、熱意を持って生き生きと働いている』社員の割合はわずか5％に過ぎず、調査した１４５カ国中、イタリアと並んで最低だった」というギャラップ社の調査についての率直な感想を質問したのです。

　結果は、経営層では「最下位は当然だと思う」が26％、「まあ妥当な順位だと思う」が48％で、合わせて74％に達しました。一般社員も「最下位は当然だと思う」が24％、「まあ妥当な順位だと思う」が50％で、合計74％でした。経営層も一般社員も「信じられない」は26%に過ぎませんでした。「自分たちにはやる気が無い」のは日本の会社員にとって半ば常識になってしまっていると言ってもいいかもしれません。

ちなみにエンゲージメント（engagement）という英語は、一般的には「約束」や「契約」と訳されますが、人事の分野では「仕事への熱意」や「仕事へのやりがい」を指します。また人事の分野ではエンゲージメントという言葉をさらに細分化して用い、「社員が仕事にやりがいを感じ、熱意を持って生き生きと働いている状態」を「ワークエンゲージメント」、「経営陣と社員が互いを信頼し合い業績に貢献している状態」を「従業員エンゲージメント」と言います。

減り続ける「仕事のやりがい」

日本の会社員は欧米の会社員に比べて会社や部署への忠誠心が高く、仕事熱心だとかつてよく言われました。1960年代の高度成長期から1980年代のバブル期を経て、1990年代半ばまでの時期です。

1979年に当時の欧州共同体（EC、今の欧州連合＝EUの前身）が、内部資料「対日経済戦略報告書」の中で日本人をワーカホリック（仕事中毒者）と呼び、「会社が自分を必

図2　日本人の「仕事のやりがい」は長期低落している

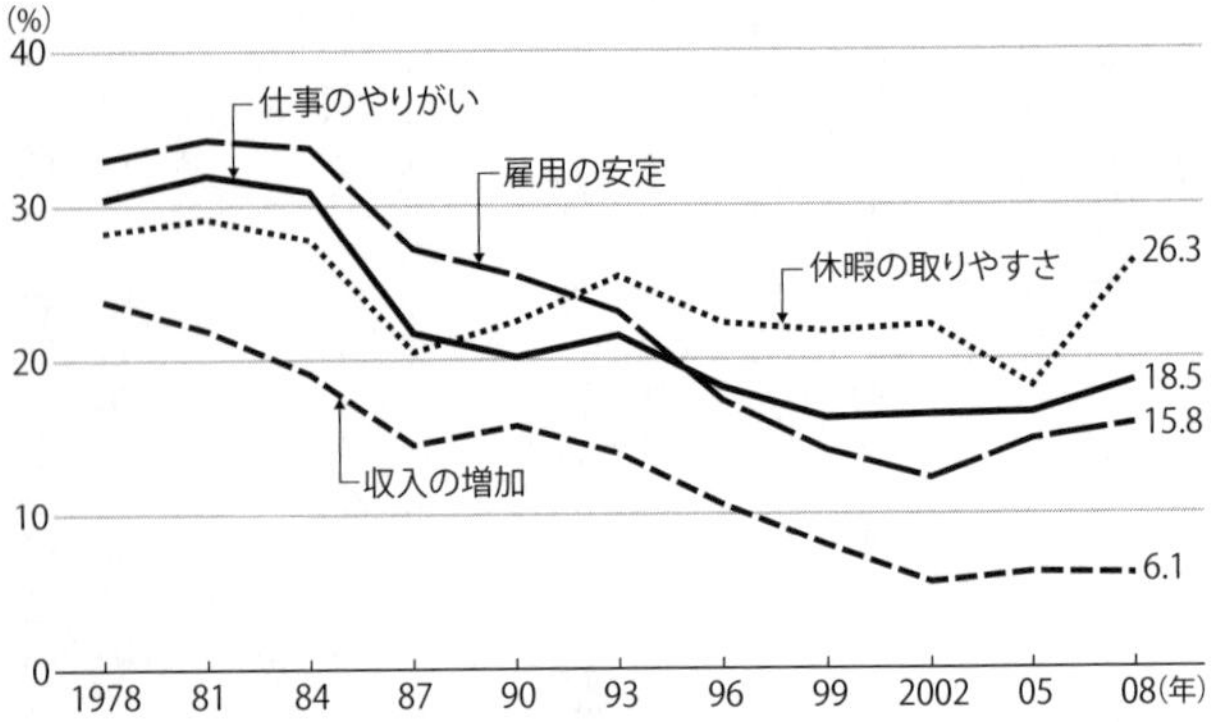

資料：内閣府「国民生活選好度調査」2008

要としていると思えば休暇をとることをあきらめる」などと描写したのは、当時の欧米人が日本の会社員をどう見ていたのかをよく示しています。ワーカホリックとはまったくありがたくない言葉ですが、日本の会社員の仕事への熱中ぶりはそれだけ先進国の中でも目立っていたのです。

私自身、1984年に社会人になり、経済・経営誌の『日経ビジネス』編集部に配属されたとき、先輩記者たちが抱いていた仕事へのやりがいや希望、プロ意識に接し、決して大げさではなく感動さえ覚えて「少しでも追いつかなければ」と歯を食いしばって取材、執筆に没頭したのを今でもよく覚えています。

また取材に応じてくれた会社員たちも、経営幹部だけではなく若手社員を含めて多くが仕事にやりがいを感じ、目標を持ち、生き生きと働いていたように思います。

そのことを示すデータもあります。内閣府は1972年度から2011年度までの40年にわたり、仕事や生活ぶりに対する国民の意識を調査した「国民生活選好度調査」を毎年発表していました。1982年度以降は、仕事や生活に関する60の項目についての満足感などを3年ごとに継続調査し、時系列の変化を把握していました。

その項目の中に「仕事のやりがい」がありました。最後の調査となった2008年、仕事にやりがいを感じていた人の割合は18・5％でした。

これが1980年代前半までさかのぼると、仕事にやりがいを感じていた人の割合は30％強にまで高まります。

「国民生活選好度調査」は全国の15歳から74歳までの男女が対象なので、本書が想定している会社員――大企業などで働くホワイトカラーだけではありません。また残念なことに内閣府は2011年度を最後に「国民生活選好度調査」を廃止してしまったので、現在の割合を把握できません。

しかし日本人の「仕事のやりがい」が長期低落している傾向は間違いなくここからもうかがえます。

社員を「お金のかかるコスト」扱いする日本企業

ではなぜ日本の会社員は仕事のやりがい、やる気を失ってしまったのでしょうか？

本書はそれをさまざまな観点から解き明かすことに主眼を置いています。具体例や詳細は各章でかみ砕いて解説しますが、理由は明白です。

家電やパソコン、事務機器メーカーなどの輸出企業の国際競争力低下や、バブル崩壊による消費低迷などの寒風が吹き始めた1990年代半ば以降、少なからぬ日本の大企業はコストダウンを最優先する「縮み経営」へと舵を切りました。この過程で、社員を会社の業績向上に貢献してくれる資産あるいは可能性ではなく、お金のかかるコストだとみなすようになってしまったのです。

コストなら削減しなければなりません。当時の経営者たちは新たな人事制度を導入して中堅以上の社員の人件費を圧縮し、若手を中心に正社員から非正規雇用への転換を進め、教育・研修費を削りました。

さらに事業に振り向ける予算や研究・開発費も減らしました。これに伴って現場の裁量権が縮小されました。新たな事業や製品を生み出す起業家タイプのイノベーターは活躍の場が減り、節約や管理に長けた小役人タイプのコストカッターが重用されるようにもなっていきました。

それらの大企業は下請けなど取引先の中小企業に対しても、納入価格の値下げを要求しました。発注元の大企業にそう言われたら従わざるを得ません。日本企業の99・7%、働く人の約7割を占める中小企業でも、厳しい経営を強いられ、人件費を圧縮せざるを得なくなる企業が増えていきました。

もちろん経営者、管理職にとって無駄の排除は大切な仕事です。とりわけバブル崩壊後の厳しい経営環境ではコストダウンが重要な経営課題だったのは無理もないことでした。

しかしそれはあくまで一時的な緊急避難措置であるべきでした。バブル崩壊後の最悪期を脱した段階で、人材や設備、研究・開発への思い切った投資を復活させ、中小企業への値下げ要求を撤回して共存共栄を図るべきでした。

残念ながら少なからぬ大企業はそうしませんでした。バブル崩壊後の最悪期を脱しても、まるで慣性の法則に従うかのように危機対応の「縮み経営」を続けました。

この結果、年を追うごとに会社員の報われない思いが募っていきました。先に紹介した「国民生活選好度調査」は「収入の増加への満足度」も調べています。1980年代初めには20%を超えていた「満足している人」の割合は、2008年には6・1%にまで減ってしまいました。

「給料が上がらない」「仕事がつまらない」

その先に待っていたのは悪循環でした。

インターネットやデジタル技術が普及した2000年以降の世界市場では、モノやサービス、システムの国際競争に勝つためには、独創的なアイデアや、かゆいところに手が届く画期的な工夫、魅力的なデザインのような「ソフト面での魅力」が不可欠になりました。

それらを実現するためには、結果を出した社員への報酬を弾んだり、現場の裁量権を拡大したりして、やる気を高めなければなりません。独創的な機能や魅力的なデザイン、効果的なブランディング戦略は、社員がただ上司や経営陣の指示通りに仕事をしているだけでは生まれません。社員が仕事を面白がり、自発的かつ創造的に取り組むやる気が不可欠です。

しかし社員をお金のかかるコストだとみなすような経営では、社員のやる気は高まるどころか蝕まれてしまいます。「ソフト面での魅力」を打ち出せない日本企業の競争力はさらに低下し、ますますコストダウンに励まざるを得なくなりました。それらの企業では社員の給与水準はいっそう低迷し、日々の仕事から「面白さ」や「やりがい」が失われていきました。

図3 「やる気が無い」理由の1、2位は給料への不満

Q2：「仕事にやりがいを感じ、熱意を持って生き生きと働いている」社員の割合は日本では5％と世界最下位なのは、何が理由だと思いますか？いくつでもお答えください。

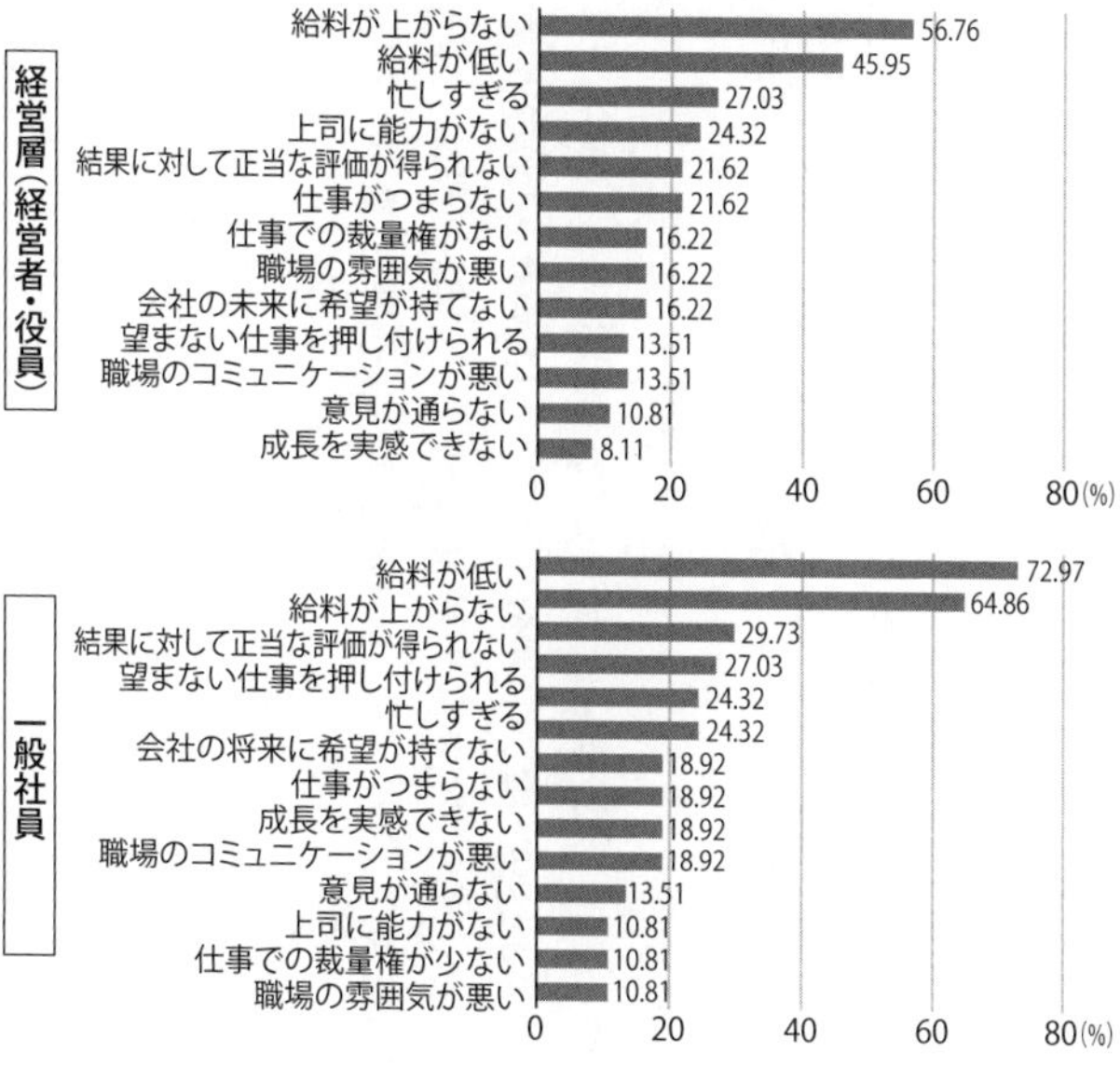

こうして多くの日本の会社員がやる気を無くしてしまったのです。

図3のグラフをご覧ください。先のギャラップ社の「グローバル職場環境調査」への感想を訪ねた独自アンケートで、日本が最下位だったことについて「当然だと思う」「まあ妥当な順位だと思う」と回答した人たちに対し、「最下位になったのは何が理由だと思いますか」と複数回答で質問

した結果です。

経営層では「給料が上がらない」（56・76％）、「給料が低い」（45・95％）が1、2位を占め、以下「忙しすぎる」（27・03％）、「上司に能力がない」（24・32％）、「結果に対して正当な評価が得られない」（21・62％）、「仕事がつまらない」（21・62％）が続きました。

一般社員では「給料が低い」（72・97％）が1位で、「給料が上がらない」（64・86％）が2位、以下、「結果に対して正当な評価が得られない」（29・73％）、「望まない仕事を押し付けられる」（27・03％）、「忙しすぎる」（24・32％）が続きました。

経営層、一般社員ともに賃金などの処遇と仕事内容の双方に不満を抱えている現状が読み取れます。

社員の幸福を重視し始めたアメリカの大企業

日本とは対照的にアメリカの大企業は社員の仕事への満足度、幸福度を高める方向へとマネジメント（経営・管理）の舵を切っています。

イリノイ大学のエド・ディーナー名誉教授らの研究よって、幸福度の高い社員はそうでない社員と比べて創造性が3倍、生産性や売り上げもそれぞれ3割強、4割弱も高い傾向が明らかになりました。幸福度が高い人は欠勤率や離職率が低いという事実もわかってきました。

こうした研究を踏まえて、アメリカでは社員の幸福度を測るEH（Employee Happiness＝従業員幸福度）と呼ぶ尺度が開発され、グーグルを筆頭に、社員の幸福度を高めるための役職であるCHO（Chief Happiness Officer＝最高幸福責任者）を設ける企業が次々に出てきているのです。

あなたが「やる気」を取り戻すために

アメリカとの格差も含めて、何だか口惜しくなりますね。

そんな口惜しい話を本書の全編にわたって詳述する狙いは二つあります。

一つは、ほかならないあなた自身のキャリアアップのためです。

あなたの会社の経営がどう間違っているのかを知ることは、あなたが職業人生の勝者になるために必要な武器になるはずです。

まずあなたは自分を苛む心の痛みから解放されるでしょう。次にキャリアアップに向けた道筋を描けるようになるでしょう。

例えばこんな道筋です。

1、現状の誤ったマネジメントがいかに社員の意欲を挫《くじ》いてしまうかを理解していない経営者や上司に改善を促す。
2、改善されればそれでよし。
3、改善されなければ「会社には未来は無い」と、これまでの経営から脱却しようとしている企業に転職する。あるいは敢えて会社に残り、副業を始めたり、起業の準備をしたりする。

もちろん経営者や上司に改善を促すような回りくどい努力などせず、すぐに転職の準備をするのもいいでしょう。本書巻末の「おわりに」でも触れますが、すべての日本企業が社員をお金のかかるコストだとみなす「縮み経営」の罠に陥ってしまったわけではもちろんありません。これまでの経営を変えようという大企業も少しずつ増えてきました。その意味では、今は危機対応の「縮み経営」がようやく変わりつつある過渡期だと言えます。

あなたがやる気を取り戻し、キャリアアップを実現するチャンスは拡大しているのです。

日本の産業・経済が輝きを取り戻すために

もう一つの狙いは、大げさかもしれませんが、日本の産業・経済が輝きを取り戻すための問題提起です。

1990年代後半から2000年以降、日本の産業はさまざまな分野で国際競争力を失ってしまいました。家電やパソコン、音響機器などの電機産業はその代表だと言わざるを得ません。かつてのジャパンブランドの栄光は残念ながら今や見る影もありません。2002年から2022年までの20年間でジャパンブランドの輸出額は、テレビなどの映像機器が8割弱、音響機器が8割強、事務用機器が5割強、減少しています。

2000年以降に市場が急拡大し、モノ作りに代わる成長産業となったインターネット・IT（情報技術）ビジネスでも、日本企業の存在感は世界では乏しいのが現状です。インターネット・ITビジネスの覇権は、1994年創業のアマゾンや1998年創業のグーグル、2004年創業のメタ・プラットフォームズ（通称メタ、旧フェイスブック）などのアメリカ企業に握られています。

ではなぜ日本の産業・経済はかつての輝きを失ってしまったのでしょうか。

要因はいくつも挙げられるでしょう。デジタルやITに長けた人材が欧米に比べて乏しかったのは日本企業にとって明らかに不利でした。起業も欧米ほど活発ではありません。一定期間内に起業した企業数が期初の企業数に対してどのくらいの割合を占めるかを示した開業率を比較すると、日本は2019年時点で4・2%に過ぎず、アメリカ（9・2%）やイギリス（13・5%）、フランス（10・9%）を大きく下回ります。

それらに加えて、先ほども指摘したように、少なからぬ大企業が進めてきた、社員のやる気を奪う「縮み経営」が原因の一つだったのは間違いないと私は見ています。繰り返しになりますが、デジタル技術を活かし、モノ作りやインターネット・ITビジネスの分野で世界の人々をワクワクさせるような製品やサービスを提供するためには、社員のやる気、すなわち新しいものを生み出そうとする自発的かつ創造的な意欲が欠かせなかったからです。

逆に言えば日本の産業・経済がかつての輝きを取り戻すには、社員がやる気を取り戻さなければなりません。

ではどうすれば社員はやる気を取り戻せるのでしょうか。

その解を導き出すには、まず社員がやる気を失った原因を一つひとつ、詳細に検証する必要があるでしょう。問題解決の第一歩は問題把握にほかならないからです。

さあ、それでは社員の「やる気」を失わせてしまった、コスト削減を最優先する「縮み経営」の実態を一つひとつ検証してきましょう。

第1章　「安い賃金の国」への転落

——なぜ日本企業の賃金は上がらないのか

30年間上がらない賃金

メーカーに勤務する中堅社員・田中聡史さん（39歳・仮名）の声をお聞きください。

「私は、最大手ではありませんがそれなりに知られた国内のメーカーに勤務しています。新卒で入社した時にはいい会社に入れたかなと思ったのですが、今は胸の内がモヤモヤしています。若手時代を経て、中堅社員として役職に就いてから、賃金がほとんど増えていません。10年近く据え置かれたままなんです。

私の会社では、係長に相当する等級以上の社員は一人ひとり、半期ごとに期間の実績や取り組みを自己申告シートに書き込み、4段階で査定・評価されるのですが、最上位の評価を得ないと賃金が上がらない仕組みです。上から2番目の評価で現状維持、3番目以下では減らされてしまいます。最上位の評価を得る社員はほんの数%です。そんな人たちにしても最上位を続けて取ることは稀なので、賃金が増えている社員はほとんどいないと思います。

会社の経営が苦しいわけではありません。一時期は赤字に陥りましたが、今では業績は決して悪くなく、それなりの利益をきちんと出しています。中国での販路開拓がうまくいったのに加えて、私たちの人件費を削ったり、交通費や会議費などの諸経費を切り詰めたり、研究開発に振り向ける予算を絞り込んだりした結果です。私たちも身を切ってきたんです。会社にはそんな努力に少しでも報いてほしいと切望していますが、私たちの想いが叶う予感は今のところまったくありません。

私は管理部門に所属して、労務管理の仕事に就いています。今の仕事が嫌いではありません。常にではないですが、やりがいを感じることもあります。しかし先ほど言ったようにモヤモヤが晴れないんです。若手時代のように１００％前向きな気持ちで仕事に取り組めません。仕事に没入することにためらいを覚えてしまう自分がいるんです」


この話を聞いて、身につまされた人はきっと少なくないでしょう。もしかしたら、あなたもそうかもしれませんね。

田中さんは「賃金を10年近く据え置かれたままだ」と告白しましたが、実は10年どころか、この30年間、日本企業で働く社員の平均賃金はほとんど上がっていません。

それどころか「賃金が上がらないのは会社に貢献できていないからだ」と言わんばかりの巧妙な人事考課と賃金制度によって、社員の賃金を減らしてきた企業も少なくありません。頑張っても報いてくれない会社に対して、モヤモヤした気持ちを抱いている社員は多数派だと言っていいでしょう。

図4　日本の平均賃金はOECD加盟38カ国中25位にとどまる

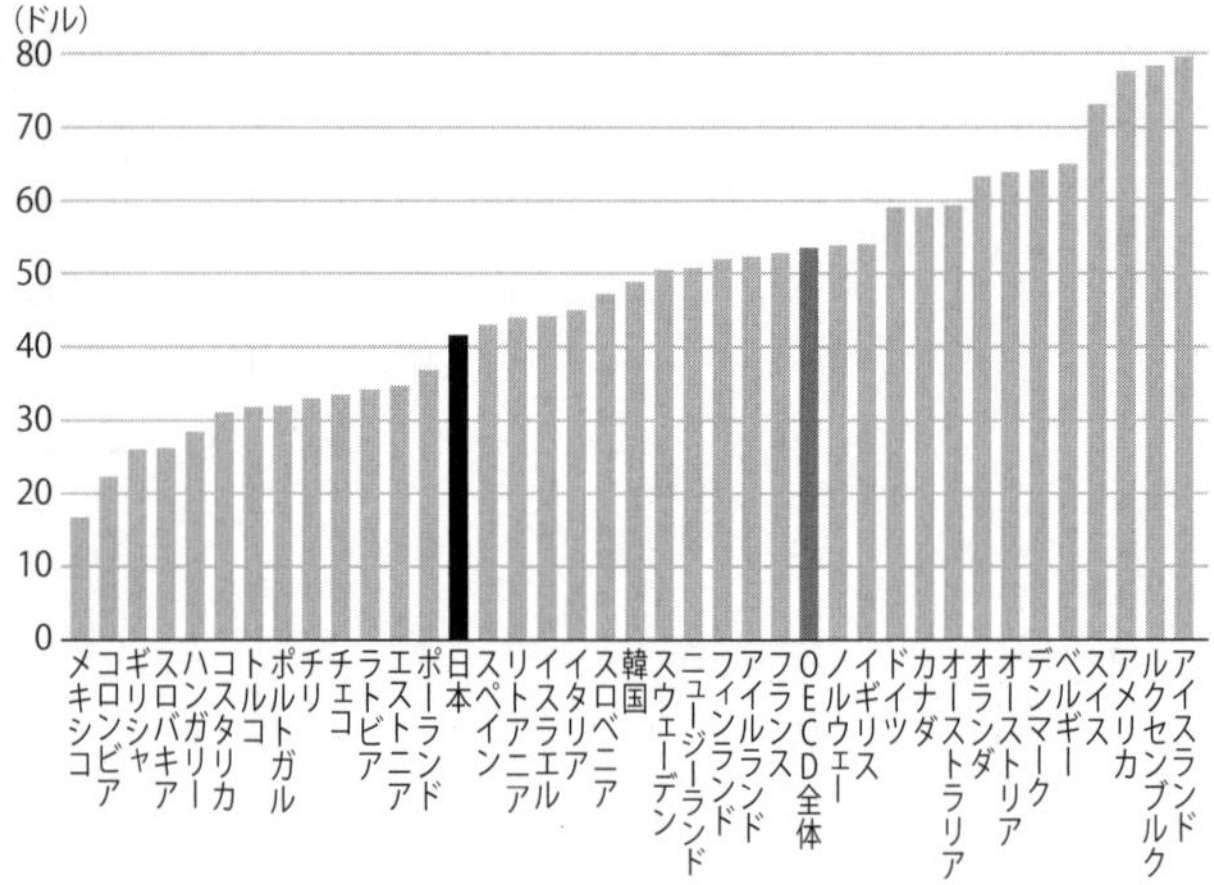

OECDの「主要統計」、「平均賃金」（2022年）を基に作成

第1章ではまず日本の「安い賃金」に焦点を当て、社員のやる気が失われていった理由を浮き彫りにしたいと思います。

30年にわたって据え置かれてきた日本の賃金水準は今や先進国で最下位の水準に落ち込んでいます。

図4のグラフをご覧ください。

OECD（経済協力開発機構）加盟国38カ国の2022年の平均賃金を比較したグラフです。金額はドルに換算されています。

それによれば日本の平均賃金は4万1509ドルで、38カ国中25位にとどまり、アメリカ（7万7463ドル）の半分強（53・6％）の水準に過ぎません。

ＯＥＣＤ加盟国平均の5万3416ドルや、ドイツ（5万8940ドル）、フランス（5万2764ドル）、イギリス（5万3985ドル）などヨーロッパ諸国と比べてもかなり低く、韓国の4万8922ドルをも下回っています。

日本より賃金が低い国はポーランドやハンガリー、チリなど経済的に低迷している国が中心です。

ちなみにＯＥＣＤは、世界経済や各国経済の現状を分析し課題を協議するため、先進国主導で設立されました。加盟国は日本を含めて38カ国です。世界経済や各国経済に関する膨大な統計を調査・発表しており、統計の信頼性や網羅性の高さから「世界最大のシンクタンク（調査機関）」とも呼ばれています。

海外で食べた1杯2000円のラーメン

平均賃金が先進国で最下位に落ち込んでしまった結果、欧米の人たちには値ごろ感のある商品が私たち日本人にとっては高額品になってしまいました。

iPhone（アイフォーン）はその代表でしょう。

アメリカのアップルが2023年9月に発売したアイフォーン15の日本での販売価格は、廉価機種が12万4800円で最上位機種が24万9800円でした。この値付けに対して大多数の日本人は「最上位機種とはいえスマホが約25万円もするのは高すぎる」と思ったでしょう。私も「高いな」と思いました。

日本人の2021年の平均月収は、月曜日から金曜日までフルタイムで働く人で残業代も含めて33万4800円でした（厚生労働省の「賃金構造基本統計調査」による）。アイフォーンの最上位機種の価格はその7割にも達します。高額に思えるのは当然でしょう。

しかし平均的な収入を得ているアメリカ人にとっては決して高すぎる価格ではありません。最上位機種の価格は月収の3割程度なので、平均的な日本人が12万4800円の廉価機種を買うのと負担感はあまり変わらないのです。

アイフォーンだけではありません。ジープ社のSUV（スポーツ用多目的車）や、L.L.ビーン社のジャケットやブーツといったアメリカ製品も、私たち日本人には高価に映りますが、アメリカやイギリス、ドイツなど欧米の中間層にとっては常識的な価格の範ちゅうに入ります。

またコロナ禍が収束し、海外旅行に出かけた日本人による「ハワイでラーメンを頼んだら1杯で2000円もした！」といった驚きの声がネットで散見されるようになりました。2000円のラーメンは欧米人にとって驚きではありません。それが私たちには法外な値付けに思えるのは、日本の賃金水準が低すぎるからです。

日本の賃金はもともとここまで低かったわけではありませんでした。

ＯＥＣＤの調査では、約30年前の１９９０年には、日本の平均賃金は３万６８７９ドルと、アメリカの４万６９７５ドルに比べれば見劣りするものの、イギリスやフランスよりも高い水準でした。

しかし１９９０年以降、日本の平均賃金はほとんど増えませんでした。ＯＥＣＤによれば１９９０年から２０２２年までの約30年間で４６３０ドル（１ドル＝１４５円で計算して67万１３５０円）しか上がっていません。上昇率はたった12・５％です。

一方、アメリカやイギリスの賃金はこの間に約５割上昇し、韓国ではほぼ２倍になりました。日本が足踏みしているうちに他の国々がずっと先にいってしまい、日本だけが賃金上昇の恩恵にあずかれず、大きく劣後してしまったのです。

30年は長い年月です。１９９０年に生まれた人たちは今では企業で中堅社員として活躍し、当時、中堅社員だった人たちは定年後の第二の人生を考えなければならない年齢に到達しています。

私自身、30代初めの中堅記者として働いていた１９９０年当時を思い出すと隔世の感があります。ビジネスパーソンは私たちメディア関係者を含めてスマホはおろかケータイさえ持っていませんでした。NTTドコモの前身であるエヌ・ティ・ティ・移動通信企画が設立されたのは1991年のことです。インターネットも普及しておらず、eメールもありませんでした。仕事でもプライベートでも相手との連絡は固定電話かファクスが中心でした。

インターネットによる映画や音楽、ゲームなどの配信ももちろん影も形もありません。映画や音楽はレンタルビデオ・CD店でVHSのビデオやCDを借りて視聴しました。ゲームをする時は、任天堂のファミリーコンピュータ（ファミコン）や1990年に発売されたスーパーファミコンなどのゲーム専用機を使いました。ゲームソフトはROM（読み出し専用メモリー）に記録されており、ロムカセットと呼ばれた、ROM付きの基盤が内蔵されたプラスチック製の箱をゲーム機本体に装着してゲームを楽しんだのです。

インターネットなどのIT（情報技術）が普及・浸透する以前の時代です。「プレ（前）デジタル時代」と言ってもいいかもしれません。

私たちの賃金は、そんないにしえの1990年からほぼ据え置かれたままなのです。日本はいったいこの長い年月、何をしてきたのでしょうか。

日本が「安い賃金」の国へと転落していく道筋を振り返ってみましょう。それは同時に社員のやる気が失われていった真因を探ることでもあります。

「安い賃金」の国への転落は、電機産業凋落から

日本が「安い賃金」の国へと転落していくきっかけは、輸出産業の花形だった電機産業の凋落でした。１９９０年代半ばのことです。

１９８０年前後から１９９０年代前半にかけて、日本の電機産業は世界随一の競争力を持っていました。日本の大手メーカーが製造する「テレビや冷蔵庫などの家電」「パソコン」「カメラやビデオに代表される光学機器」「オーディオ機器のような音響機器」「コピー機などの事務機」はジャパンブランドとして文字通り世界の市場を席けんしていました。

日本の輸出総額に占める家電製品やパソコン、光学機器などの割合は、１９９５年の時点で13・5％に達し、同16・3％を占めた自動車とともに莫大な外貨を稼ぎ、日本経済の繁栄を支えていました。[*1] 日本の大手家電メーカーや光学機器メーカー、音響機器メーカー、事務機器メーカーは「モノづくり大国ジャパン」を支える世界有数の企業だったのです。

商品開発力にも長けており、これまでにない独創的な商品を次々に開発・発売し、世界の消費者の心をつかんでいました。

ソニーが1979年に発売したカセットテープ再生型の初代ウォークマンや、任天堂が1983年に発売したファミコンはその代表でしょう。ウォークマンは手軽に持ち運びできるオーディオプレイヤーとして欧米でも爆発的に売れ、ウォークマンを聴きながらローラースケートやスケートボードに興じる若者たちの姿が時代の象徴になりました。

一方、ファミコンは、ゲームセンターに置いてあるアーケードゲームと遊戯性の点で遜色のないゲームを、家庭でも楽しめる家庭用ゲーム機として登場しました。世界中の子ども達だけでなく親世代をも引きつけ、「マリオブラザーズ」や「ドラゴンクエスト」のような世界的な大ヒットゲームのシリーズを生み出したのは皆さんもご存じのとおりです。

ちなみにウォークマンの開発を決断したのは、ソニーの創業者であり、当時会長だった盛田昭夫氏です。盛田氏の盟友で声楽家でもあった井深大氏（当時の名誉会長）が、「ビジネスで行き来する国際線の機内で音楽が聴けるポータブル型オーディオプレイヤーを私自身のために開発してほしい」と、当時のオーディオ事業部長で伝説的なエンジニアとしても知られた大曽根幸三氏に依頼したのがきっかけでした。

大曽根氏は既存の製品とありあわせの部品で試作品を開発しました。その性能に驚嘆した井深氏は、すぐに試作品の奏でる音楽を盛田氏に聞かせました。

盛田氏は製品としての大きな可能性を確信し、ウォークマンの商品化を指示したのです。

ワクワクするようなエピソードですね。商品開発に向けて何十回も無駄な会議を開き、結果的に当初の独創性が失われ、最大公約数的な面白みのない製品しか生み出せなくなってしまった現在の多くの家電メーカーなどからは考えられないような話です。

「デジタル化」でモノづくり大国の地位失墜

残念ながら、このような「モノづくり大国ジャパン」の黄金期は長くは続きませんでした。

デジタル化の波がモノづくりを変え始めた１９９０年代半ば以降、日本の電機産業を支えてきた大手家電メーカーや光学機器メーカー、音響機器メーカー、事務機器メーカーは世界的な環境変化にうまく適応できず、国際競争力を失っていったのです。当時、『日経ビジネス』の記者として企業を取材していた私は大手家電メーカーなどの勢いが急速に落ちてきたなと感じたのを今でもよく覚えています。

１９８０年前後から１９９０年代初めにかけて、日本の大手家電メーカーなどの強さを支えていた柱の一つは、「垂直統合型」と呼ばれるモノづくりの仕組みでした。

大手家電メーカーなどは１次・２次・３次など系列の下請け部品メーカーを束ね、自らを三角形の頂点とする供給網を構築していました。そしてこの緊密で強固な供給網――いまではサプライチェーンなどと言いますね——を活かして、大手家電メーカーなどと下請けの部品メーカーが連携してモノを生産してきました。

垂直統合型のモノづくりでは、製品の開発・設計・製造の各段階で下請け部品メーカーと緊密・綿密なすり合わせができます。「ここの歯車を1ミクロン（マイクロメートル）ずらしてほしい」などと部品メーカーに注文を出し、何度もダメ出しをして要求水準を満たす部品を完成させる、といった連携による作り込みが可能だったのです。

これが高い品質と耐久性を持つ日本製のテレビやパソコン、ビデオ、オーディオなどの競争力を支えていました。日本製品は1990年代初めまではとにかく故障しないことで知られていて、世界の消費者を引き付ける魅力の一つにもなっていました。

ところが1990年代半ばに入ると状況は一変します。デジタル技術の普及によって、設計、製造段階で下請け部品メーカーと緊密なすり合わせをしなくても、高い品質と耐久性を持つ製品をつくり出せるようになったのです。

音響・映像機器を例に挙げてみましょう。1980年代に主流だったカセットプレイヤーやビデオデッキのような製品では、テープを巻き取ったりするのにメカニックすなわち機械的な機構が必要でした。これらを正確に作動・機能させ、なおかつ何千回何万回と使用しても壊れない耐久性を持たせるには繊細な加工技術や緊密なすり合わせが欠かせませんでした。

それが1990年代半ば以降のデジタル製品では一変しました。メカニックな機構がほとんどないDVDレコーダーやCDプレイヤーなどが登場し、電子部品を組み合わせるだけで高品質の音楽を再生できるようになったのです。音響・映像機器の生産には、繊細な加工技術も下請け部品メーカーとの緊密なすり合わせも必要ではなくなりました。

音響・映像機器だけではありません。1990年代半ば以降、あらゆる家電や事務機器がデジタル製品となり、繊細な加工技術や下請け部品メーカーとの緊密なすり合わせが無くても製造できるようになりました。

電子部品を組み合わせる新たなモノづくりによって、垂直統合型の緊密で強固なサプライチェーンの優位性は失われていきました。

製品メーカーは世界中の電子部品メーカーから最も適当な部品を調達し、それらをそれこそプラモデルのように組み合わせるだけで、一定の品質や耐久性を持つ製品をつくれるようになったのです。

このようなモノづくりを「水平分業型」とも言います。デジタル技術によって、モノづくりの主流は、製品メーカーが1次・2次・3次など系列の下請け部品メーカーを束ね、自らを三角形の頂点とする供給網を構築して製造していた垂直統合型から、世界中に散らばる部品メーカーから最適な部品を調達して組み立てる水平分業型へと変わっていったのです。

大手家電メーカー経営者の痛恨のミス

この変化を追い風にして、モノづくりの分野で存在感を発揮するようになっていったのがサムスン電子をはじめとする韓国勢でした。当時、韓国の賃金水準はまだ日本を下回っていたので、韓国メーカーは日本製品と比べて遜色のない家電製品やパソコン、音響機器などをより安い価格でつくれるようになり、日本メーカーから世界での市場シェアを奪っていきました。中国のメーカーがこれに続きました。

アメリカの企業も息を吹き返しました。アップルが2001年に第1世代の製品を発売した携帯型デジタル音楽プレイヤー、iPod（アイポッド）は、アメリカ企業の復活を象徴する製品です。アイポッドは本体に搭載されているメモリー（記憶装置）に数万曲もの音楽を保存できる画期的な製品で、ソニーのウォークマンとは異なりメカニカルな機構はまったくありません。

アップルはこのアイポッドを、国境をまたぐ水平分業型のサプライチェーンによってつくり上げました。記憶装置には東芝のハードディスクドライブやサムスン電子のフラッシュメモリーなどを採用し、組み立て・製造を台湾企業のホン・ハイなどに発注しました。こうした世界規模での水平分業型のモノづくりは今のアイフォーンにも引き継がれています。

以上が日本の電機産業を取り巻く環境の激変ですが、大手家電メーカーなどを率いた当時の少なからぬ経営者たちはここで誤りを犯します。

水平分業型のモノづくりは、製品の競争力の決め手を変えました。この新たなモノづくりでは、極論すればだれでも一定水準の品質や耐久性を満たした製品をつくれるので、競争力の決め手は、品質や耐久性から独創的な機能や魅力的なデザイン、効果的なブランディングへと移っていきました。

アップルが復活を遂げ、グローバルな大企業へと成長したのは、同社の創業者で元ＣＥＯ（最高経営責任者）のスティーブ・ジョブズ氏や、後任のティム・クック氏らが水平分業型のモノづくりの意味、すなわちデジタル化によるモノづくりの変化の本質を見抜いていたからです。

アップルは水平分業型のモノづくりによって部品の開発や製造を外注し、独創的な機能や魅力的なデザインの実現、効果的なブランディング戦略の立案に、持てる経営資源を集中的に投入しました。

世界中から優秀でクリエイティブなエンジニアやデザイナーなどの人材を集め、高い賃金や、会社の予算を使い自由に研究・開発できる権限などを与え、やる気や創造力を引き出したのです。

また『日経ビジネス』が2006年8月に掲載した韓国サムスングループの特集の中で、当時のサムスン電子副会長兼CEOの尹鍾龍（ユン・ジョンヨン）氏は、デジタル化が企業のモノづくりや競争力をどう変えるかについてインタビューでこう予見しています。

「パソコン、テレビ、無線、携帯、放送、通信というものはブロードバンド（高速大容量）で全部一緒になって、区別することにあまり意味がなくなっていくでしょう。デジタル機器を形作るのは、究極的にはディスプレーと半導体チップ、メモリーの3つの部品になっていく。ほかにはバッテリーぐらいです。そういう時代における付加価値はどこにあるかというと、革新的な部品とマーケティングだと思います。サプライチェーンとか生産システムは付加価値の中心ではなくなってくる」

「20〜30年前であれば、技術の蓄積と経験が多い会社に競争力がありました。極論すれば、これからはそういうものがいらないんです。もちろん革新的な部品を作る技術力は必要ですが、一つひとつの部品の集積度が非常に上がりますから、モノ作りの大半はそういう部品を組み立てることになります。誰がやっても、同じようなコストで、同じような品質で、同じような製品ができてしまう」

「昔のブラウン管テレビは部品点数が1500とか2000点もありましたから、生産技術の優劣が生産性やコストに直結したんです。皆さんが今のテレビの中身を見たら部品が少なくて驚きますよ。つまり、他社との差を出せるところが少なくなっているんです。ところが、実際には製品の価格には確実に差が表れます。A社の製品は高く売れ、B社の製品は安売りされるというように。何が決定要因になるかといえば、企業や製品のブランドイメージですよ。これはマーケティングの積み重ねによって出来上がるものです。機能やデザインを含めてです。要するに消費者のニーズや心をつかむ競争になるんです」

（『日経ビジネス』2006年8月7日号・第2特集「韓国サムスン　熱狂と絆の人力経営」より）

スティーブ・ジョブズ氏やティム・クック氏同様、尹鍾龍氏がデジタル化のもたらす変化の本質をこのように鋭く見抜いていたことに心底、感心させられます。この慧眼が後のサムスンの隆盛につながっているとさえ言いたくなるほどです。

「とにかくコストダウン！」で社員もコスト扱い

では日本の大手家電メーカーなどはこうした変化にどのように対応しようとしたのでしょうか？

コストダウンに励みました。

設備投資や研究開発に振り向ける予算を絞り、交通費や会議費などの諸経費を切り詰め、韓国や中国のメーカーとの価格競争に負けないように「縮み経営」を推し進めました。

コストダウンは言うまでもなく人件費にも及びました。工場で働く現業の社員だけでなく、営業や管理部門などのホワイトカラーも例外なく人件費削減の対象になりました。

さらに傘下の下請け部品メーカーなどの取引先に対しても、納入価格の切り下げを要求し続けました。

当時の少なからぬ経営者たちは、社員や取引先を業績に貢献してくれる貴重な資産あるいは可能性ではなく、お金のかかるコストだと見なすようになったのです。

結果論ですが、これは取り返しのつかない誤りでした。

デジタル技術の進歩、水平分業型のモノづくりの普及に直面した当時の経営者たちがすべきだったのは、変化に適応するための人材への投資でした。デジタル技術に長けたエンジニアや優秀でクリエイティブなデザイナーをスカウトしたり、社員を再教育したりするべきだったのです。

また結果を出した社員への報酬を弾んだり、現場の裁量権を拡大したりして、やる気を高めるべきでした。独創的な機能や魅力的なデザイン、効果的なブランディング戦略は社員がただ上司や経営陣の指示通りに仕事をしているだけでは生まれません。社員が仕事を面白がり、自発的かつ創造的に取り組むやる気が不可欠です。

さらに新分野開拓に向けての研究開発や設備投資も積極的に行うべきでした。

しかし彼らはそうしませんでした。デジタル化によるモノづくりの変化の本質や新たなビジネスチャンスについて、明確なビジョンを示せず、その当然の帰結として、人材のスカウトや育成、研究開発・設備投資などの前向きな投資に消極的になりました。

それどころか社員や取引先に我慢を強い、出《い》ずるを制して目先の利益を捻出しようとする短期的な引き算の経営を追求しました。このような仕打ちを日々受け続けた社員はやがて疎外感を抱き、やる気を失っていきました。

その結果は、容易に脱することができない悪循環です。

独創的な機能や魅力的なデザインに乏しく、効果的なブランディングを展開できない日本の家電製品などは、月日がたつごとにかつてのジャパンブランドの輝きを失っていきました。他方、優秀でクリエイティブなエンジニアやデザイナーなどを厚遇し、やる気にさせたアップルなど欧米の先進企業は、独創的かつ魅力的な製品や、斬新で便利なネットサービスを次々に打ち出し、デジタル革命の波に乗って事業をグローバルに拡大させていきました。

日本製品の競争力が低下するのに伴って、価格も下落していきました。独創的な機能やデザインの魅力に乏しい製品は、安価な中国製品などとの価格競争に巻き込まれ、卸や小売りなどの取引先から買い叩かれてしまうからです。

それでも利益を確保するには、人件費を削減し、経費を節減し、投資を絞るしかありません。その結果、社員のやる気がいっそう損なわれ、製品から独創性も魅力もさらに失われていきました。

「はじめに」でも触れたように、その後――2002年から2022年までの20年間で、ジャパンブランドの輸出額は、テレビなどの映像機器で8割弱、音響機器で8割強、事務用機器で5割強も減少してしまいます。

「安い賃金」の国への転落、悲しき第2幕

ここまでが、日本が「安い賃金」の国へと転落していく第1幕です。もし第1幕で終わ

っていれば、言い換えれば誤った経営が大手家電メーカーなどの電機産業に限られていたなら、日本の賃金はここまで先進国の中で劣後しなかったでしょう。社員のやる気もほかの産業では保たれていたはずです。

しかし残念ながらそうはなりませんでした。執拗なコストダウンは1990年代後半以降、濃淡の差こそあれほかの産業にも広がっていったのです。

そうさせたのはバブル崩壊が招いた1997年の金融危機でした。

大手家電メーカーなどの電機産業が国際競争力を失っていったのと軌を一にして、日本国内ではバブル崩壊が進行していました。1980年代後半から急騰してきた株価や地価は、1989年最後の取引日で日経平均が史上最高値の3万8915円を付けた後に下落に転じ、土地や株に投資してきた企業や個人投資家が痛手を負うとともに、彼らに融資していた銀行の不良債権が増大して経営を圧迫し始めていたのです。

経済史では「バブル景気は1989年で終わり、バブル崩壊は1991年にはすでに本格化していた」とされています。実際、1991年7月に東邦相互銀行が破綻するなど、同年には小規模な金融機関の破綻がいくつも報じられるようになりました。ただ、それでも1990年代前半はバブル景気の火照りが残っていました。

メディアは、バブル景気の典型的な情景として、東京・港区芝浦にあったジュリアナ東京のお立ち台で羽根付き扇子を振り回して踊る女性たちの画像や映像をよく紹介します。実はジュリアナ東京はバブル崩壊の最中である1991年5月に開業し、1994年8月に閉じています。東京のウォーターフロントでの夜ごとの饗宴は、日本経済にまだ浮遊感が漂っていた証でした。当時、少なからぬ人たちが「株価や地価はまた上昇に転じ、景気も上向く」と考えていましたし、その期待通り1995年から1996年にかけて景気は一時的に持ち直したのです。

そんなバブル景気の火照りを一気に冷まし、人々の期待を完全に打ち砕き、危機感に陥れたのが1997年の金融危機でした。

同年11月3日、準大手証券会社の三洋証券がバブル期の積極経営で積みあがった債務を返済できなくなり、会社更生法の適用を申請して倒産しました。それから2週間後の17日には北日本最大の銀行だった北海道拓殖銀行が1年以内の清算を発表し、戦後初の都市銀行の破綻となりました。さらにその1週間後の24日には当時の4大証券の一角を占めていた山一證券が自主廃業に追い込まれました。損失補てんなどの不正が明るみに出たことや、破綻した北海道拓殖銀行の主幹事として資金提供を行っていたのが仇となりました。金融危機は年をまたぎ、1998年秋には日本長期信用銀行と日本債券信用銀行という大手金融機関の破綻が相次ぎました。

景気は一気に冷え込み、日本経済はその後の「失われた30年」とも呼ばれる不況のトンネルへともぐりこんでいきます。

盛り上がる「三つの過剰」削減!

当時の経営者たちは守りを固めようとしました。

多額の不良債権（借り手である企業の経営悪化などを理由に回収できなくなるなどの問題が生じた貸出債権）を抱える「金融機関」、消費低迷に苦しむ小売りなどの「流通業」や外食などの「サービス業」、食品などの「消費財メーカー」、「不動産」や「建設会社」——さまざまな業種の企業がコスト削減を最優先するようになりました。とりわけ熱心だった企業には業界最大手よりも業界2、3番手が目立ちました。市場シェアが小さい分、業績悪化への危機感がより大きかったからです。

その際、当時の経営者たちが掲げたのは「三つの過剰すなわち過剰雇用、過剰設備、過剰債務の削減」でした。具体的には「人員の削減」「生産設備の廃棄」「借金返済」です。人員を削減するには割増退職金を支払うための資金を捻出しなければなりません。生産設備の廃棄にも解体・撤去などの費用がかかります。借金返済を急ぐには利益の相当部分を注ぎ込まなければなりません。当然の結果として、社員の賃金を支払うための給与原資はいっそう圧縮されていきました。

こうして日本が「安い賃金」の国へと転落していく第2幕が始まりました。縮み思考に凝り固まった多くの経営者たちが人件費削減をさらに進めました。

そしてこの時に採用した人件費削減の手段が社員のやる気をさらに削いでしまったのです。

彼らが採用した人件費削減の代表的な手段は、仕事の成果や進め方への評価を社員の賃金に反映させる「成果主義賃金制度」の導入でした。大手電機メーカーなどから採用が始まり、やがてバブル崩壊後の国内需要の縮小に苦しむ大手小売りや大手サービスにも広がっていきます。

人件費削減が目的の〝似非《えせ》〟「成果主義」

「成果主義賃金制度」と言うと聞こえはいいかもしれません。しかし多くの企業で導入されたのは、社員の成果に報いるため業績に貢献した社員の賃金を引き上げる、本来の成果主義ではありませんでした。あくまで人件費の削減を目的とする〝似非《えせ》〟「成果主義賃金制度」あるいは〝減点主義的〟「成果主義賃金制度」です。

当時、私は「成果主義賃金制度」を取り入れた大企業の人事部長数人に取材しました。何人かが「きれいごとを言っても目的は人件費の削減ですから」と明言していたのを今でもよく覚えています。

そのやり方は、冒頭に紹介した田中さんの勤務するメーカーと同様です。半期など一定期間ごとに社員の実績や取り組みを査定・評価して、高い評価を得た一部の社員以外は、賃金を据え置くか減らしていったのです。

読者の皆さんの中には「人件費を減らしたいのなら単純に一定期間、一律賃金カットすればいいのではないか」と思われた方がいらっしゃるかもしれませんね。たしかに人件費の削減を目的とした「成果主義賃金制度」は回りくどく、手が込んでいます。

それには理由がありました。実はこの賃金制度には二兎を追う狙いが込められていたのです。

当時の少なからぬ経営者たちは、それまでの勤続年数に応じて昇進・昇給する伝統的な「年功序列制度」のもとでは年を追うごとに人件費が膨らんでいくので、この制度を骨抜きにして、とりわけ賃金が相対的に高い中堅以上の社員の年功による賃金カーブの上昇を抑えたいと考えていました。

しかし全社員の賃金を一律に減らしたらみんながやる気を失ってしまいかねません。

どうしたらいいのか？

導き出した解が、高い成果を上げた一部の社員にはそれなりに報いる「成果主義賃金制度」でした。それなりに報いることで「高い成果を上げれば会社は報いてくれるのだ」と社員に思わせ、やる気を維持しようと考えたのです。

しかしこんな都合の良い二兎追いの思惑はもろくも外れました。

先ほど触れたように１９９０年代半ば以降、日本の大手家電メーカーなどは国際競争力を失い、凋落の一途をたどりました。バブル崩壊によって国内需要も低迷しています。

そんな経営環境のもとで、人件費削減を目的とした「成果主義賃金制度」を導入したら、何が起きるかは火を見るよりも明らかです。

「海外では日本製品が売れなくなった」「国内では不況の冷たい風が吹いている」――そんなときに目覚ましい成果を上げられる社員は「一部」どころか「ごくわずか」に過ぎませんでした。

社員の7～8割が減給になる悲劇

当然の結果として、ほとんどの社員は賃金が上がらないか、賃下げされるか、という状況に陥りました。経営環境がとりわけ厳しい年には、賃下げとなった社員が急増し、全社

図5 金銭的な処遇への不満がやる気を蝕む

Q1:あなたのやる気が下がる原因は何ですか?(複数回答)

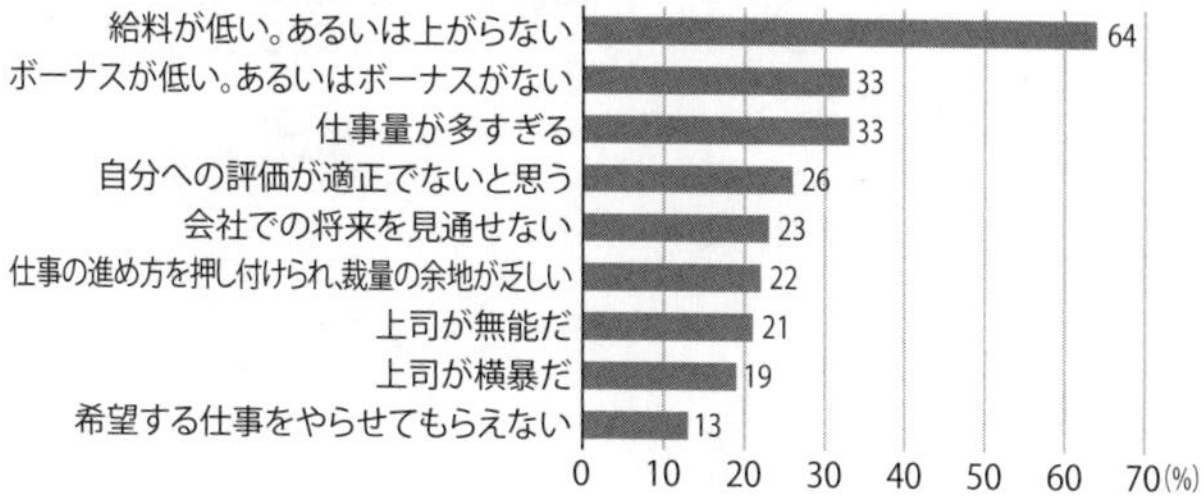

員の7～8割が減給となった企業も続出しました。「成果主義賃金制度」の人件費削減効果は経営者たちの予想を上回ったのです。

しかしその分、社員のやる気はさらに失われてしまいました。

図5をご覧ください。独自アンケート[*2]の結果では、「あなたのやる気が下がる原因はなんですか?」との質問に対して、20代から40代の社員100人の回答は「給料が低い。あるいは上がらない」が64%で1位、「ボーナスが低い。あるいはボーナスがない」が33%で2位でした。金銭的な処遇への不満が社員のやる気を蝕むという実情がアンケートからもはっきり読み取れます。

独自アンケートは、人件費削減を目的にした「成果主義賃金制度」のもとで、社員が人事・評価制度への不満を募らせている実態も浮き彫りにしています。「あなた

図6　6割強が会社の人事制度に不満

Q２：あなたは勤め先の人事評価制度に満足していますか？

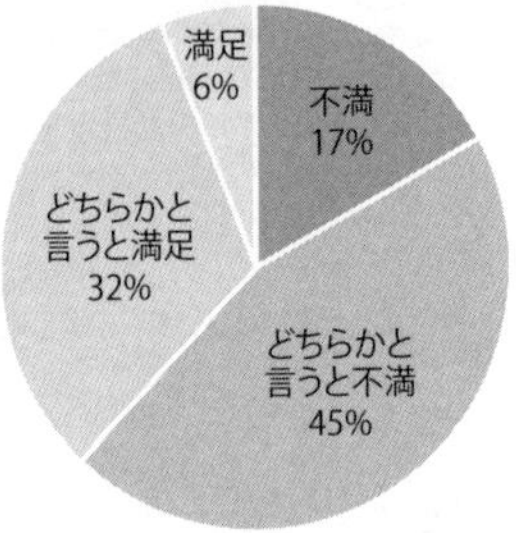

は勤め先の人事評価制度に満足していますか？」と質問したところ、「不満」「どちらかと言うと不満」を合わせた回答は62％に達しました。「満足」は６％に過ぎません。

さらに右記の質問に「不満」「どちらかと言うと不満」と答えた人に対して、その理由を尋ねたところ、「評価基準が不明確」が66・１３％と最も多く、以下「自己評価よりも低く評価され、その理由がわからない」（30・６５％）、「評価者によって評価にばらつきがあり、不公平だと感じる」（24・１９％）と続きました。また「厳しめに評価することで、人件費を抑えようという意図が透ける」という回答も12・９％ありました。人事評価制度への不満、不信感は根が深いと言えそうです。

社員が人事・評価制度に納得できないのは当然だと言えるでしょう。「成果主義賃金制度」はそもそも人件費の削減が目的だったのですから。

しかも経営側の意向や都合が社員の評価に反映されやすいのも「成果主義賃金制度」の

図７　７割弱が「評価基準が不明確」との不信感

Q３：勤務先の人事評価制度に対して「不満」「どちらかと言うと不満」な人に質問します。人事評価制度に不満を感じる以下のどれですか？（複数回答）

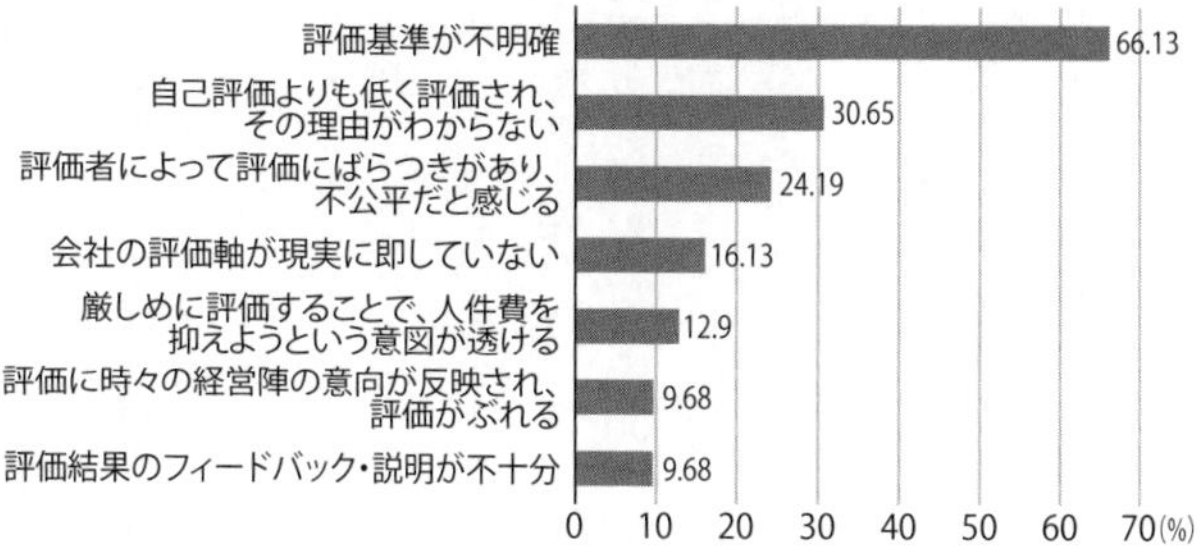

特徴です。業績が悪化しそうな時、あるいは利益を膨らませたい時、経営者や役員陣が、部門の長や人事部長など評価の最終決定者に「最低評価、もしくは下から二番目の評価を増やすように調整しなさい」との指示を出すことは決して珍しくありません。

そんな状況では会社に不信感を抱く社員が増えても仕方がありません。社員のやる気はいっそう蝕まれ、アメリカのギャラップ社の調査が明らかにしたような「企業内にいろんな問題をまき散らす『周囲に不満をまき散らしている無気力な社員』」が増えていったのも無理からぬ帰結だったと言うしかありません。

ちなみに公益財団法人「日本生産性本部」の調査によれば、「成果主義賃金」（役職・職務給）が導入されている社員の割合は年々上昇しており、

2018年時点で一般社員（非管理職）の57・8％、管理職の78・5％に達しています。

派遣社員への置き換え、取引先に値下げ要求

人件費削減の手段は「成果主義賃金制度」の導入だけではありませんでした。

新卒の採用を絞り、正社員（正規雇用）からパートやアルバイト、派遣社員など非正規雇用への置き換えを進めることで主に若手の人件費を削っていきました。

非正規雇用の人たちの賃金水準は、2021年時点でもフルタイムで働く正社員の70％ほどに抑えられていますが、1995年の男性パートタイム労働者の賃金水準はフルタイムで働く男性労働者のおよそ55％と、1990年代の賃金格差は今以上でした。正社員を非正規雇用に置き換える人件費削減効果は非常に大きかったのです（厚生労働省「賃金構造基本統計調査」による。1995年の賃金格差は厚生労働省労働政策担当参事官室が同調査をもとに推計した値）。

非正規雇用への置き換えも、国内需要の低迷に苦しむ小売りやサービスなどあらゆる業種・業界へと広がっていきました。

この間、政府は経済界の要請にも応える形で、1999年に労働者派遣についての抜本的な規制緩和を行いました。

それまではプログラマーや秘書など、正社員にはなかなか代替できない26種類の専門業務だけに認めていた派遣の対象業務を原則自由化したのです。この規制緩和は、派遣労働を「原則禁止、いくつかの職種について例外的に認める」ポジティブリスト方式から、「原則自由、いくつかの職種について例外的に認めない」ネガティブリスト方式へと抜本的に変更した大改正となりました。

このような規制緩和に後押しされ、1990年には約2割だった全雇用者（雇われている従業員）に占める非正規雇用の割合は増え続け、今では4割近くに達しています。先ほど触れたように非正規雇用の賃金は今もフルタイムで働く正社員の70%ほどに抑えられているので、非正規雇用の採用による人件費の削減は今も続いています。

また先ほども触れたように、大企業の経営者たちは下請け部品メーカーなど取り引きのある中小企業に対して納入価格の切り下げを要求し続けることで、中小企業の人件費削減をうながしました。

1990年代後半から2000年代にかけて、私は『日経ビジネス』副編集長、『日経ビジネスアソシエ』編集長として数多くの中小企業の経営者に取材・面会しました。納入価格の切り下げを呑まされた中小企業の経営者たちは、要求に応えつつ黒字を出そうと、原材料の調達から加工、納入に至るまでの製造工程を徹底的に見直すなどして無駄を排除する一方で、自分自身の役員報酬や交際費を削りました。

しかし元請けからの納入価格の切り下げ要求は1度や2度では終わりません。度重なる値下げ要求にさらされた中小企業の経営者たちは、それこそ乾いたタオルを絞るようにして経費をいっそう節減し、ついに多くの中小企業が社員の賃下げにも踏み切ったのです。

人件費削減が長期的な経営目標になってしまった

このような取り組みに対して「当時の経営者はバブル崩壊の後始末に注力しなければならず、人件費を削減せざるを得なかった」と理解を示す声が今でもあります。

その見方にはたしかにうなずける部分はありますが、最終的にはやはり間違っていたと言わざるを得ません。

バブル崩壊に見舞われた1990年代初めから2000年にかけて、日本経済は低迷し、企業は厳しい経営環境に置かれていました。事業を縮小したために仕事のない社員が増え、「社内失業」という言葉もよく聞かれました。

そんな苦境を生き残るための、あくまで一時避難の手段としてならば、賃金削減も致し方ないところはあったでしょう。

「経営陣も含め、みんなが少しずつ身を切って苦境を乗り切り、利益が出たら社員に賃上げで報い、かつ新たな分野への前向きな投資を増やす」「中小企業への値下げ要求を撤回して共存共栄を図る」。

当時の経営者たちがそんな針路を指し示し、実行してくれたのなら人件費の削減にも一定の意味はありました。社員のやる気もここまでは損なわれなかったと思います。

しかし残念ながら多くの大企業はそうしませんでした。バブル崩壊後の最悪期を何とか乗り切り、利益を出し始めてからも、危機対応の「縮み経営」を続けコストダウンに励みました。思い切った賃上げで社員に報い、新分野に積極的に打って出るチャンスは幾度かあったはずなのに、そのような企業は相対的に少数派でした。当時の大企業では、社長自らが後任の社長を決める人事が少なくありませんでした。今のように取締役会の中に指名委員会を設けて、経営陣の選任・解任過程を監視する企業はごく少数でした。前任の社長からバトンを渡された後任の社長はむげにこれまでの経営を否定できません。前任者への恩を感じているし、またそれゆえに前任者の影響力を排除できないからです。こうして多くの大企業が人件費の削減あるいは抑制を一時避難の手段ではなく、恒常的かつ長期化な経営目標にしてしまった——そう言っても過言ではない状況が続いたのです。

図8　長期低落を続ける大企業の労働分配率――企業規模別・労働分配率の推移

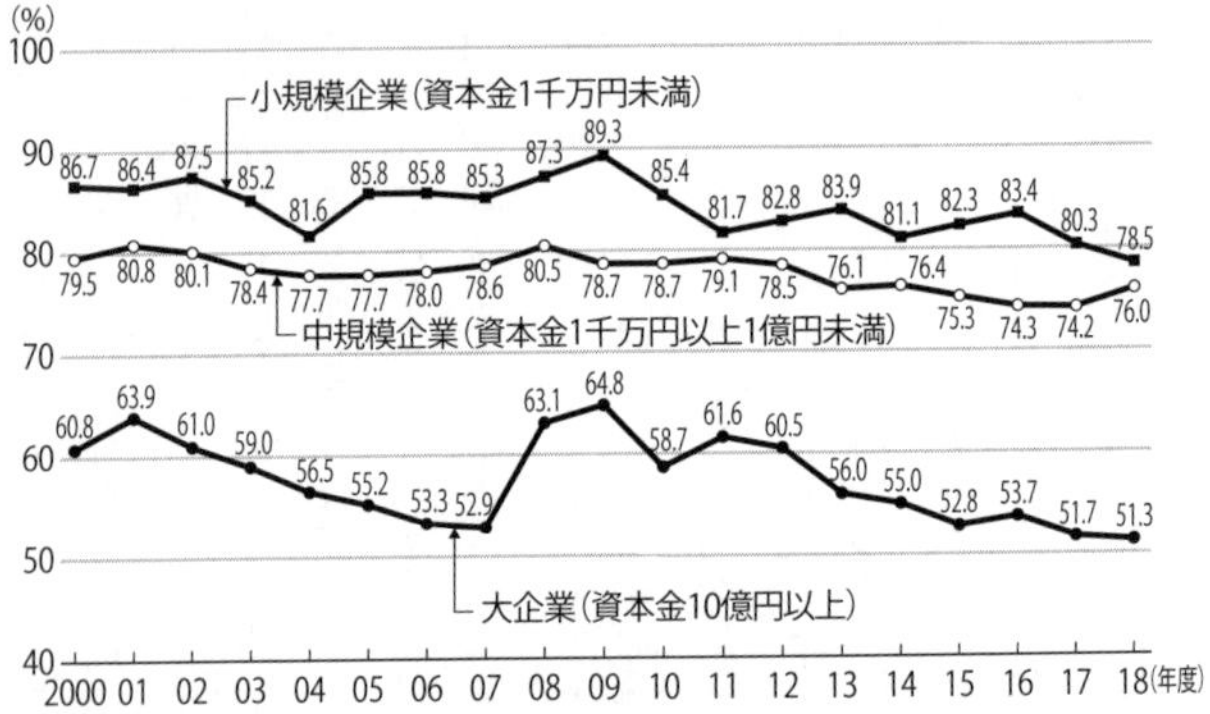

資料：中小企業庁「中小企業白書」2020年度版

備考：1．付加価値額＝営業純益（営業利益－支払利息等）＋人件費（役員給与＋役員賞与＋従業員給与＋従業員賞与＋福利厚生費）＋支払利息等＋動産・不動産賃借料＋租税公課。

2．労働分配率＝人件費÷付加価値額。

それをよく示しているのが、少し専門的な言葉になりますが「労働分配率」というモノサシの推移です。

企業活動によって生まれた「付加価値」――と言うとこちらも専門的な言葉ですね。経済学や経営学でしばしば使われる付加価値とは、企業が労働力などの資源を投入して新たに生み出した金銭的な価値を意味します。売上高から原材料費などを差し引いた粗利益に相当する金額だと考えてください。この付加価値のうち、どれだけ従業員に還元したかを示す値が労働分配率で、高ければ高いほど企業は従業員に報いていると言えます。

図8のグラフ「企業規模別・労働分

図9　日本の労働分配率は先進国最低――労働分配率の国際比較

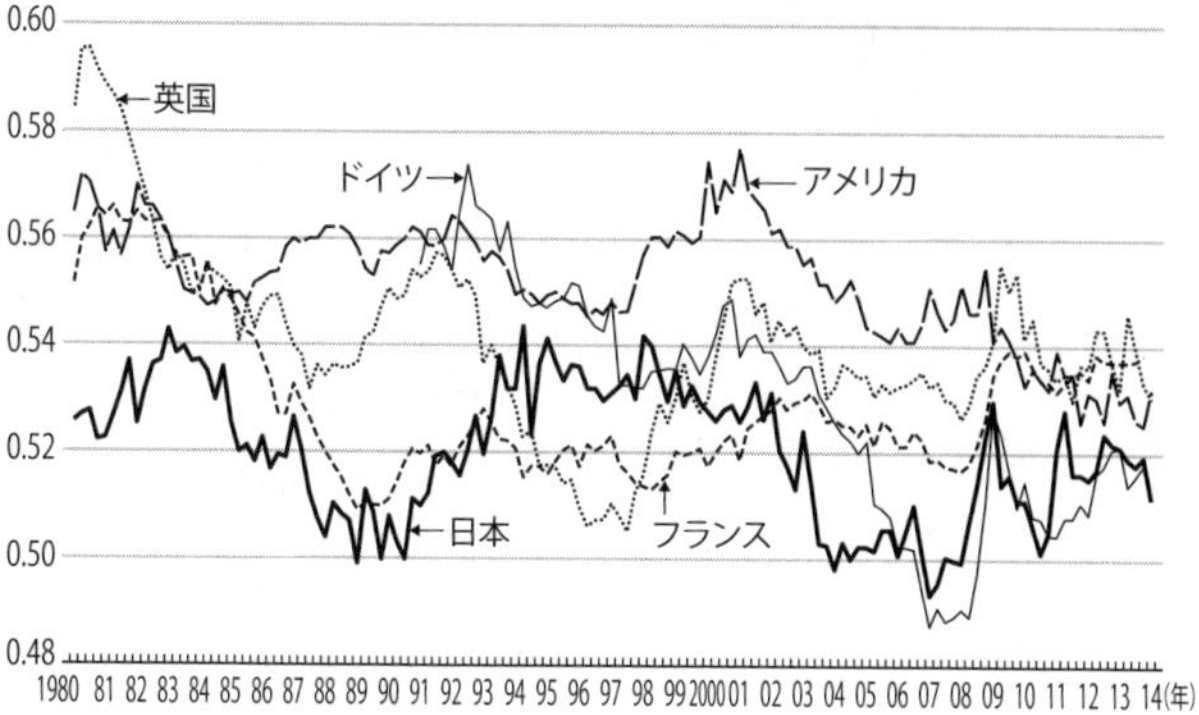

資料：内閣府　平成26年度「年次経済財政報告」
備考：1．OECD.Statにより作成。
　　　2．労働分配率は、「名目雇用者報酬÷名目GDP」により算出。

配率の推移」をご覧ください。

とりわけ大企業（資本金10億円以上）の「労働分配率」が長期低落を続けており、年を追うごとに社員に報いなくなっていったのがよくわかります。２０００年度の60・８％から２０１８年度の51・３％と20年足らずで10ポイント近くも下落してしまいました。

この数字は、図９のグラフ「労働分配率の国際比較」が示すように主要先進国では最低の水準です。日本の大企業は主要先進国で最も社員に報いていないのです。

他方、中小企業（図８のグラフでは小規模企業と中規模企業）の「労働分配率」が大企業より高く、減少幅も小さいのは、大企業のように買い手市場で優秀な人材を採用できない中小企業の経営者には、社員を大切にしなければならない意識がより強く根付いているからでしょう。

人に投資せずモノにも投資せず、それどころか人材を業績に貢献してくれる資産ではなくお金のかかるコストだと見なして目先の利益のために人件費を削減し続ける——。そんな危機対応の「縮み経営」は、1997年の金融危機からほぼ10年後に起きたアメリカ発のリーマンショックでいっそう強固になりました。

リーマンショックについて少しだけおさらいしましょう。

リーマンショックのきっかけは、アメリカでサブプライムローンと呼ばれていた、信用度の低い人向けの住宅ローンの焦げ付きです。サブプライムローンの金利は、高年収で返済能力が高い人向けのプライムローンよりも高めに設定されていましたが、アメリカで住宅価格が上がり続けていた2006年ごろまでは、サブプライムローンを借りて購入した住宅の評価額も上がったので、その建物を担保にして低金利のプライムローンに借り換えることができました。このため返済不能に陥る人の数は抑えられていました。

ところが2007年に入りアメリカで住宅価格が下落し始めると、プライムローンへの借り換えができず、返済不能に陥る人が急増します。

これだけでもサブプライムローンの貸し手であるアメリカの銀行の経営を揺るがす事態ですが、危機の連鎖はそれだけでは終わりませんでした。

日本の証券会社に相当するアメリカの投資銀行はサブプライムローンと社債などを組み合わせた債務担保証券(CDO)と呼ばれる金融商品をいくつも作り、銀行などの金融機関や投資家に販売していました。

債務担保証券は元本割れのリスクがありますが、銀行などの金融機関は高い利回りを得られるためリスクを取ってこれらを大量に購入していました。

債務担保証券は、サブプライムローンの焦げ付き急増をきっかけに価格が下落に転じます。やがて銀行などの金融機関や投資家は傷の浅いうちに損切りしようと、競うように売却し始めました。

その結果、債務担保証券は大暴落し、それらを保有する銀行などの金融機関の株価もまた大幅に下落してしまいました。

とりわけ株を売り浴びせられたのが大手投資銀行のリーマン・ブラザーズでした。同行は債務担保証券を販売していただけでなく自らも大量に保有し、しかもそれらの価格が下がり始めた時に、あろうことか「割安になった」との理由で買い増ししていたのです。

2008年9月、リーマン・ブラザーズは日本の民事再生法に相当する連邦破産法の適用を申請して経営破綻します。それをきっかけに世界の株価暴落が加速し、世界的な金融危機が発生して景気が一気に冷え込み、1929年に起きた世界恐慌以来の大不況に世界中が陥りました。

もちろん日本も例外ではありません。中小企業を中心におよそ1万5000社の企業がリーマンショック後の1年のうちに倒産したと言われています。日経平均株価もリーマンショック前の1万2000円台から一気に6000円台にまで下落し、株に投資していた企業や個人投資家が多額の評価損を抱えました。

日本企業のコストダウンに拍車がかかりました。人員削減、賃金圧縮がさらに進み、派遣社員やアルバイトなど非正規雇用の大量解雇、いわゆる「派遣切り」が社会問題になりました。

あの時、もし前向きな経営に転じていたら……

企業経営に「たら」「れば」は禁物でしょう。「あの時こうしていたら」と唇を嚙んでも、経営判断の誤りによる損失を取り戻すことはできません。

しかし私はどうしても「バブル崩壊後の最悪期を脱した段階で、人材や設備、研究・開発への思い切った投資を復活させ、中小企業への値下げ要求を撤回して共存共栄を図ってくれていたら」と考えてしまいます。

もし優秀でクリエイティブなエンジニアやデザイナーなどの人材を集め、高い賃金や、会社の予算を使い自由に研究・開発できる権限を与え、やる気や創造力を引き出していれば、独創的な機能や魅力的なデザイン、効果的なブランディングで世界の人たちをワクワクさせられる日本企業はもっと数多く存在していたでしょう。

そうなれば国際競争力が保たれただけでなく、賃上げによって国内の消費が拡大し、日本の産業・経済の活力も維持されていたでしょう。もしかしたらリーマンショックによる打撃ももっと小さくてすんでいたかもしれません。

あの時、スティーブ・ジョブズ氏や尹鍾龍氏のような経営者がもっと数多くいてくれたら……。企業経営に「たら」「れば」は禁物だとわかっていても、口惜しさと歯がゆさで唇を噛みたくなってしまいます。


ここまで、社員のやる気をくじく「安い賃金」は、経営の誤りが原因だったと説明しました。

これに対して、読者の皆さんは「日本企業の賃金が安いのは社員の労働生産性が低いからだ」という指摘を聞いたことがあると思います。もしかしたら皆さんの会社・職場にも

「賃金を上げるには君たち社員が労働生産性を上げなければならない」と、したり顔で主張する経営者や上司がいらっしゃるかもしれません。

これらは「賃金が安いのは社員に問題があるからだ」と言っているようにも聞こえます。実際はどうなのでしょうか？　本当に社員の働き方も「安い賃金」の原因なのでしょうか。

結論を言います。

日本の労働生産性はたしかに低く、それが「安い賃金」の一因であることは間違いありません。

しかし労働生産性が低いのは社員の働き方が悪いからではありません。問題はやはり経営にあるのです。

どういう意味なのか？　本章の最後では「賃金を上げたければもっと能率を上げろ。成果を出せ」とうそぶく人たちを論破する理論武装をしてみたいと思います。

日本の労働生産性はたしかに主要7カ国中最低だが……

まず日本の労働生産性がどれほど低いのかを見てみましょう。

公益財団法人の日本生産性本部は２０２２年12月、ＯＥＣＤの統計をもとに「労働生産性の国際比較２０２２」を公表しました（図10）。

図10 日本の労働生産性はOECD加盟国で29位に低迷

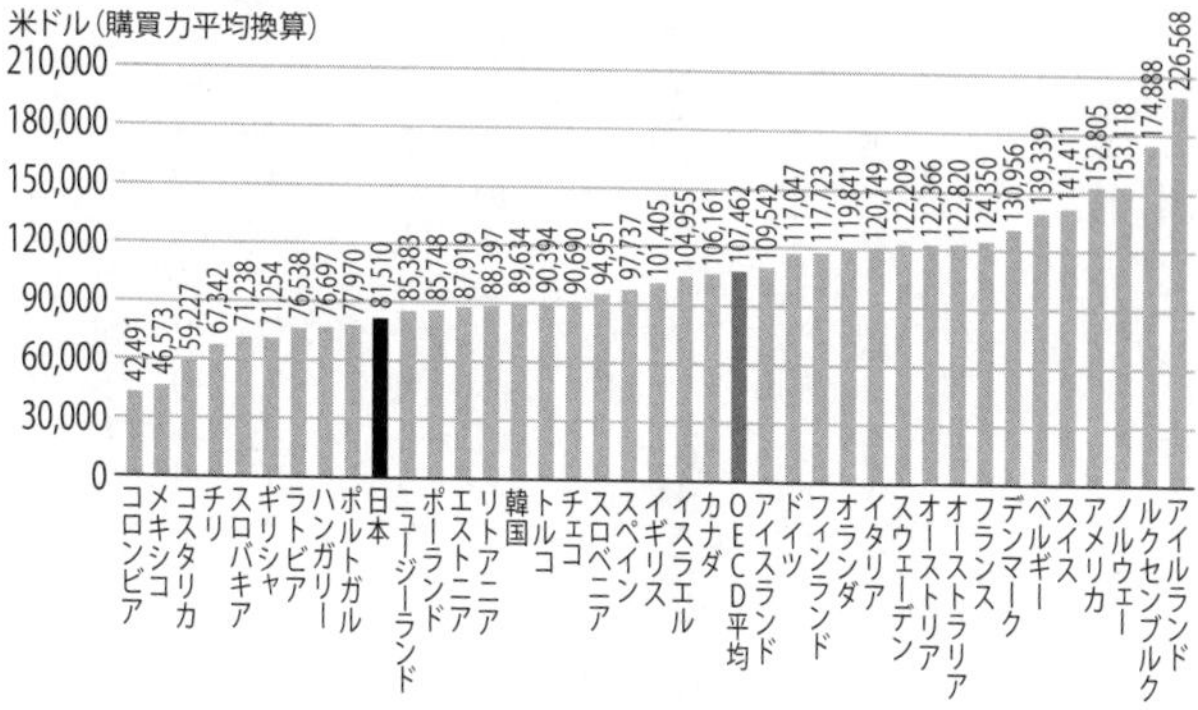

資料：日本生産性本部「労働生産性の国際比較2022」

それによれば２０２１年の日本の１人当たり労働生産性は８万１５１０ドル（１ドル＝１４５円として１１８１万８９５０円）でした。ＯＥＣＤ加盟38カ国中29位と前年（２０２０年）の28位から順位を落とし、１９７０年以降最も低い順位に落ち込んでいます。

８万１５１０ドルという金額は、アメリカ（15万２８０５ドル／同２２１５万６７２５円）の半分強（53％）に過ぎません。西欧諸国では労働生産性が下位のイギリス（10万１４０５ドル／同１４７０万３７２５円）やスペイン（９万７７３７ドル／同１４１７万１８６５円）と比較しても２割近く低い水準です。

主要先進国の中では最下位で、東欧のポーランド（８万５７４８ドル／同１２４３万３４６０円）や、農業国のニュージーランド（８万５３

83ドル／同1238万0535円）にも劣ります。

かつて圧倒的な競争力を誇った製造業に限って見ても、日本の2021年の1人当たり労働生産性は9万2993ドル（同1348万3985円）と、アメリカの6割の水準にとどまり、比較できるOECD加盟35カ国中18位に低迷しています。

では、この低い労働生産性が「安い賃金」とどう結びついているのか？　そして理論武装の核心である「原因は経営にある」とはどういうことなのか？　順番に解き明かしていきましょう。

労働生産性が低いのは社員の働き方が原因ではない

まず、そもそも労働生産性とはどんなモノサシで、何を意味しているのでしょうか。

私たちは会社、職場などで「このやり方では生産性が悪い」とか「彼は生産性が高い」と言うように、「生産性」をしばしば「能率」や「手際の良さ」の意味で使ったりしますね。

経済の指標としての「労働生産性」は厳密に定義されており、「モノやサービス、システムを生み出すために投入した資源と、生み出されたモノやサービス、システムの生産量

あるいは価値の比率」を意味します。要はインプットに対するアウトプットの比率で、計算式で示すと、

「生産性＝生産量あるいは付加価値÷投入した労働力」

となります。

つまり投入した労働力に対して、生み出されたモノやサービス、システムの生産量あるいは付加価値が多いほど生産性は高いと言えるのです。

今、「『生産量』あるいは『付加価値』」と言いましたが、「生産量」と「付加価値」はどう違うのでしょうか。

生産性には、投下した労働力に対して、どれだけのモノを生産できたかを表す「物的労働生産性」と、投下した労働力に対して、どれだけの付加価値を生み出せたかを表す「付加価値労働生産性」があります。労働生産性を把握するうえでより重要な指標は後者の付加価値労働生産性です。

前者の物的労働生産性は比較的、単純なモノサシです。

ある企業（A社）が100人の労働者で年間1万個の製品を生産しているとします。こ

れに対して別の企業（B社）は同数の労働者で年間1万2000個の製品を生産しています。この時、B社の「物的労働生産性」はA社よりも2割高いと言えます。

一方、付加価値労働生産性は生み出した付加価値を問題にします。

付加価値とは、前述したように、投入した労働力などの資源が新たに生み出した金銭的な価値を意味します。具体的には売上高から原材料費や輸送費などの諸経費を引いた「粗利益」にほぼ等しい金額です。

A社が100人の労働者で年間1万個の製品を生産・販売しているとします。製品1個の販売価格は1万円、原材料費や輸送費などの諸経費は製品1個につき4000円でした。この場合、A社が生み出した年間の付加価値は、1億円の売上高（1個1万円×1万個）から、原材料費や輸送費などの諸経費の総額4000万円（1個4000円×1万個）を引いた6000万円となります。

これに対してB社も同数の労働者で年間1万個の製品を生産・販売しています。ただし製品1個の販売価格は1万5000円とA社を5割上回ります。原材料費や輸送費などの諸経費が製品1個につき4000円で変わらないとすると、年間の付加価値は、1億5000万円（1個1万5000千円×1万個）から原材料費や輸送費などの諸経費の総額4000万円（1個4000円×1万個）を引いた1億1000万円となります。

１億１０００万円は６０００万円よりも５割近くも大きな金額ですから、この時、Ｂ社の「付加価値労働生産性」はＡ社よりも５割近く高いと言えます。

国ごとの「労働生産性」を比較する場合も、一般的にはこの付加価値労働生産性を用います。具体的には一定期間内に国内で新たに生み出された付加価値の総額であるＧＤＰ（国内総生産）を分母に用います。

先ほど「付加価値とは売上高から原材料費や輸送費などの諸経費を引いた粗利益にほぼ等しい」と言いました。つまり付加価値の総額であるＧＤＰは、大まかに言えば国内のすべての企業が得た粗利益の総額に相当します。

そして、この付加価値の総額であるＧＤＰを働いている人たちの総数で割った値が１人当たり労働生産性（より厳密に言えば１人当たり付加価値労働生産性）です。図10（日本生産性本部の「労働生産性の国際比較　２０２２」）はＯＥＣＤ加盟国のＧＤＰを用いて計算した付加価値労働生産性を比較・分析した統計です。

日本製品の付加価値の低さ

ではなぜこの「１人当たり付加価値労働生産性」の低さが「安い賃金」の一因になって

しまうのでしょうか。賃金は企業が生み出した付加価値、すなわち売上高から原材料費や輸送費などの諸経費を引いた粗利益を原資として、社員に支払われるからです。企業が生み出した付加価値（粗利益）が小さければ賃金はどうしても低くならざるを得ません。

日本企業の賃金が安い理由の一つは、欧米企業に比べて付加価値（粗利益）が低いからなのです。

先ほどのA社とB社の比較で言えば、日本企業は年間の付加価値が6000万円に過ぎないA社にほかなりません。アメリカなど欧米の高収益企業は年間1億1000万円の付加価値を得ているB社に相当します。

続いての疑問は「なぜ日本企業は付加価値（粗利益）が低いのか」です。

その答えもA社とB社の比較の中にあります。A社の付加価値（粗利益）がB社のそれを大きく下回っているのは、従業員数や年間の販売個数・諸経費は同じでも、製品1個の値段が安いからです。

B社の製品が1万5000円なのに対してA社の製品は1万円に過ぎません。A社の製品がB社の製品よりも5000円安いために、A社の得られる付加価値（粗利益）や付加価値労働生産性がB社の半分近い水準に押しとどめられているのです。

ここまでをまとめればこうなります。

「日本企業の労働生産性が低く、賃金が安いのは、日本企業の生み出す付加価値（粗利益）が低いからである」

「付加価値（粗利益）が低いのは日本企業がつくる製品の値段が安いからである」

ここまでお読みいただければ、「日本企業の労働生産性が低いのは社員の働き方が悪いからではない。原因はやはり経営にある」と指摘した理由もおわかりだと思います。日本企業がつくる製品の値段が安いのは、これまで何度も指摘したとおり、少なからぬ大企業の経営者が人にもモノにも投資せず、それどころか人材を業績に貢献してくれる資産ではなくお金のかかるコストだと見なして、目先の利益のために人件費を削減し続けたからです。

この誤った経営によって、少なからぬ日本の大企業は１９９０年代以降、世界の人々をワクワクさせるような独創的な機能や魅力的なデザイン、巧みなブランディングを打ち出せず、安価な中国製品などとの価格競争に巻き込まれてしまいました。

対照的にアップルやマイクロソフトなどの欧米の高収益企業は、人に投資し、技術力を高め、独創的な機能や魅力的なデザイン、巧みなブランディングによって製品やサービスの付加価値を高めてきました。本章の前段で、アップルが２０２３年9月に発売したアイフォーン15の日本での販売価格は、廉価機種が12万４８００円で最上位機種が24万９８００円だと紹介しましたね。そんな値段をつけてもアイフォーンが日本を含む世界中の人たちから支持されているのは、独創的な機能や魅力的なデザイン、巧みなブランディングが世界中の消費者の心をとらえて離さないからです。

ダイソンの「羽根の無い扇風機」

欧米の高収益企業と、安さを追求してきた日本の大企業との好対照ぶりを示す具体的な商品を紹介してみましょう。

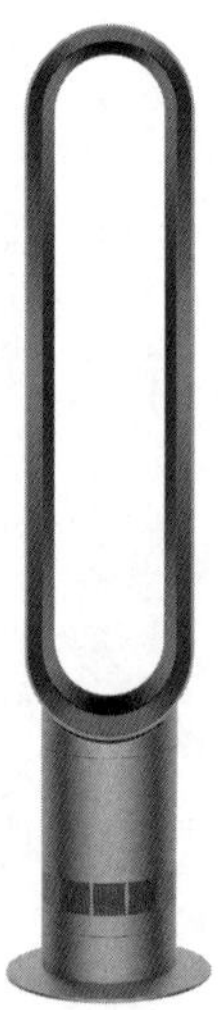

下の写真は、羽根の無い扇風機であるダイソンの「エアマルチプライアー」の上位機種の一つです（ダイソン扇風機　AM07DCIB　Air Multiplier　リモコン付　タワーファン）。さまざまな商品の価格などを比較するサイト、価格コムの調べでは通常販売価格（税込）は6万73円に達していました（２０２２年8月の価格）。

この独創的な扇風機を生み出したのは、ダイソンの創業者であるイギリス人のエンジニア、ジェームズ・ダイソン氏です。彼は手を乾かすハンドドライヤーの穴から空気が吹き出されるとき、まわりの風を巻き込むと気流が増す現象を手がかりにして開発に挑戦し、2009年、羽根の無い扇風機エアマルチプライアーを発売しました。

これは画期的なイノベーション（革新）でした。当時、日本の家電業界では「扇風機のような生活家電や冷蔵庫などの白物家電は市場や技術が成熟化し、革新的な製品が生まれる余地は無い」などとまことしやかに言われていました。しかしエアマルチプライアーはそんな通念を吹き飛ばしました。

以来、ダイソンのエアマルチプライアーシリーズは羽根が無いのに涼しい風が噴き出る独創的な機能や、羽根が無いので子どもが手を入れても怪我しない安全性、未来的で魅力的なデザインによって高いブランド力と価格を維持し、ダイソンに大きな付加価値をもたらし続けています。

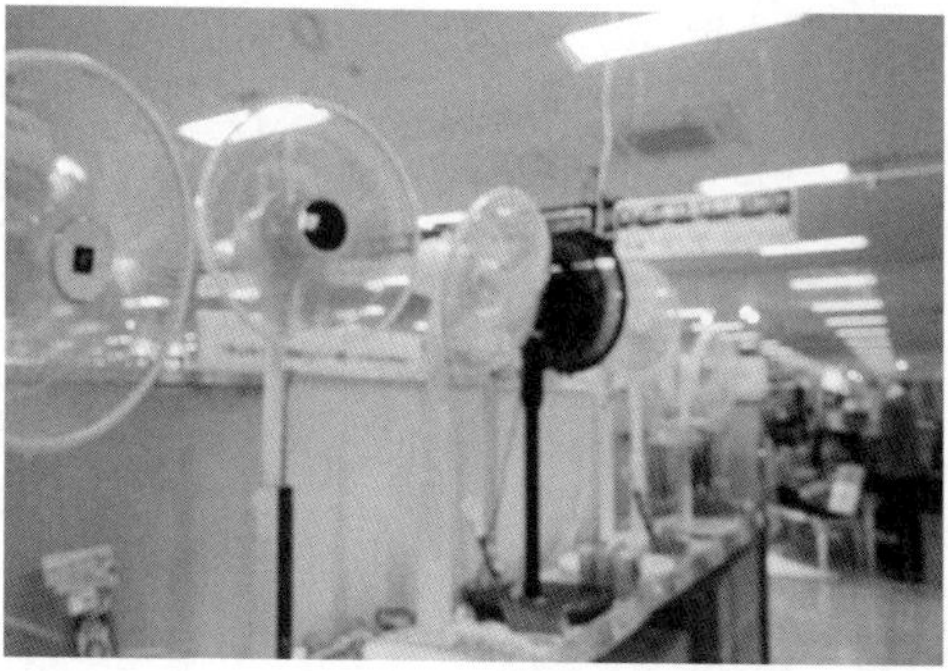

続いて上の写真をご覧ください。大手家電量販店の店頭に並ぶ日本のメーカーの扇風機です。店頭での価格は

空気清浄機能付き扇風機も含めて1万円台が中心で、中には1万円以下の製品もあります。ダイソン製品の5分の1から6分の1ほどの安さです。

涼しい風を送ったり空気を清浄にしたりする製品の性能や耐久性は、おそらくどの機種も消費者が十分に満足する水準でしょう。

しかし性能や耐久性はいまや競争力の決め手にはなりません。それらがどんなに優れていても、旧態依然とした製品コンセプトから脱却し、独創性や魅力的なデザインを打ち出せなければ、中国製品も含めた凡百の選択肢の一つに位置づけられてしまい、安値で売らざるを得ないのです。

「市場や技術が成熟化し、革新的な製品が生まれる余地は無い」と言われた生活家電や白物家電の分野で、欧米企業が生んだ独創的な製品は、ほかにもあります。

アメリカのアイロボットが開発したロボット型掃除機ルンバや、ダイソンの強力な掃除機であるサイクロンクリーナーなどはその代表でしょう。これらのシリーズは今でもアイロボットやダイソンの稼ぎ頭となっています。

社員をコストとみなす「縮み経営」は、日本の経済力を蝕んできました。1990年から2020年までの30年間で、アメリカのGDP（名目）が3・5倍に拡大したのに対して、日本のＧＤＰ（名目）は50％しか拡大していません。

個人の豊かさを示す人口１人当たりのＧＤＰ（名目）も、２０２１年には世界33位に沈み、先進７カ国で日本より低いのはイタリアのみとなりました（国際連合の統計による）。

加えて、経済や金融問題について調査・研究を行う日本経済研究センターは２０２２年12月、日本の１人当たり名目ＧＤＰが２０２２年時点ですでに台湾に抜かれ、２０２３年に韓国に抜かれるとの予測を発表しました。最大の理由は労働生産性の伸び悩みだと同センターは分析しています。

人材をないがしろにしてきた企業は一刻も早く、これまでの経営からの転換を図るべきです。

【本章のまとめ】

◆賃金は過去30年間で12・5％しか上がっていない！

◆韓国にも抜かれた日本の賃金はアメリカの半分強、ＯＥＣＤ38カ国中25位

◆人件費削減が目的の偽りの成果主義がやる気を蝕んだ

◆「安い賃金」をもたらした低い労働生産性は日本製品が「安い」から

◆「安い」のは独創的な機能や魅力的なデザインを製品に盛り込めないから
◆その元凶も会社員のやる気をくじく「安い賃金」にある

＊1　家電製品やパソコン、光学機器などの割合である13・5％は、「電気回路等の機器」「電算機類の部分品」「電算機類（含周辺機器）」「科学光学機器」の割合を合計。自動車の16・3％は「自動車」「自動車の部分品」の割合を合計。ともに財務省「貿易統計」のデータを集計。
＊2　回収日：２０２３年９月１日。回答者の居住地：全国。回答者の年齢・性別：20歳以上、49歳以下の男女。職業：会社員（正社員、契約・派遣社員など）。回答者数：１００人。アンケートはネット上でサービスを提供するアイブリッジのアンケートツール Freeasy を使用。

第2章 「脅しの経営」の弊害

——社員を追い詰める減点主義的な処遇

「仕事は山登り」そのココロは？

会社員のメンタルヘルス（心の健康）の専門家として多くの企業で講演や助言を行っているコンサルタントに取材していたときのことです。

彼は私にこう尋ねてきました。

「唐突ですが、渋谷さんは山登りがお好きですか？」

私には山登りの趣味はありませんでしたが「ランニングを愛好しているので始めてみたら好きになれるかもしれない」と答えました。

「私はどうも苦手です。一度、友人に誘われて日帰りでハイキングしたんですが、きつくて懲りてしまいました」

彼は苦笑しながら言い、真顔でこう続けました。

「メンタルヘルスの専門家として言わせてもらえば、仕事はまさに山登りなんですよ。山登りは、それが好きな人にとってはストレスを解消する格好のレジャーです。しかし山登りが苦手だったり興味を持てなかったりする人にとっては、重い荷物を背負って坂道を上り続けることなどストレスをもたらす苦役にほかなりません。お金をもらっても嫌だと言う人も少なくないでしょう。

仕事も同じです。仕事の中身や負荷が変わらなくても、本人がすすんでやりたいと思っているか、やらされていると感じているかで受けるストレスの度合いは異なります。『嫌な仕事をやらされている』と思いこんでいる社員はやる気を持てず、能力を十分に発揮できないでしょう。それだけではありません。常にストレスにさらされていますから、心の健康を損なってしまう危険とも隣り合わせです。本人にとっても企業にとっても不幸なことです」

そして彼はこう警鐘を鳴らしました。

「私は訪問した企業では現場の社員からも話を聞くようにしています。その経験から、少なからぬ日本企業とくに大企業の経営が『嫌な仕事をやらされている』と感じる社員を増やす方向に進んでいる気がしてなりません。もし私の印象が当たっているなら、そんな企業の将来は危ういのではないかと思います」

仕事やノルマを無理強いし、できなければ減点!

メンタルヘルスの専門家に取材したのは1999年のことでした。日本経済が1997年の金融危機をきっかけに、「失われた30年」とも呼ばれる停滞のトンネルへともぐりこんでいった時期です。

表　ジョブ型雇用とメンバーシップ型雇用の違い

	ジョブ型雇用	メンバーシップ型雇用
仕事の内容	企業が社員を採用する際、社員に対して職務内容や勤務地、役職、勤務時間などを限定・明示して、雇用契約を結ぶ。	職務内容や勤務地、勤務時間などを限定せず雇用契約を結ぶ。社員は会社の都合で職務内容の変更や異動、転勤、出向を命じられる。
給料	給料は職務内容や専門能力によって金額が決まる「職務給」が中心。高い専門能力があれば年齢や勤続年数にかかわらず高収入を得られる。	給料は勤続年数や役職に応じて支払われる「職能給」なので、職務内容や専門性は「ジョブ型雇用」の「職務給」ほどには考慮されない。
雇用の保障	企業の戦略の変更や業績悪化などによって、社員の担当する職務が必要でなくなった場合、その社員は解雇される場合がある。	何らかの理由で担当していた職務が無くなっても、他部署に異動して別の職務を担当するなどして、企業に勤務し続けられる。

残念ながら彼の危惧は的中してしまったように思います。「失われた30年」を通して、少なからぬ日本企業の経営が「仕事やノルマを無理強い」し、できなければ減点する「脅しの経営」へと変質していったように私には見えてなりません。

「ジョブ型雇用」「メンバーシップ型雇用」という言葉をあちこちで耳にする機会が増えたと思います。

「ジョブ型雇用」はアメリカなど欧米企業で主流の雇用形態です。

企業が社員を採用する際、社員に対して職務内容や勤務地、役職、勤務時間などをあらかじめ「ジョブ・ディスクリプション（職務記述書）」と呼ぶ書類で明示して、雇用契約を結びます。

給料は職務内容や専門性の度合いによって金額が決まる「職務給」なので、年齢や勤続年数にかかわらず高い専門知識や能力があれば高収入を保証されます。「ジョブ型雇用」は「仕事に対して人を割り当てる」雇用の仕組みだと言ってもいいでしょう。

これに対して「メンバーシップ型雇用」は日本企業で主流の雇用形態です。企業が社員を採用する際、社員に対して職務内容や勤務地、勤務時間などを限定せず、雇用契約を結びます。社員は会社の都合で職務内容の変更や異動、転勤、出向を命じられます。

大学新卒者を一括採用し、様々な部署を経験させ育成する日本の大企業の雇用形態は「メンバーシップ型雇用」の典型例です。

給料は勤続年数や役職に応じて支払われる「職能給」なので、職務内容や専門性は「ジョブ型雇用」の「職務給」ほどには考慮されません。

「メンバーシップ型雇用」は人がらやコミュニケーション能力を重視して「会社に合いそうな社員」を採用し、あとから仕事を割り振る雇用の仕組みだと言っていいでしょう。

「終身雇用神話」が会社員のやる気を支えていた

日本の大手家電メーカーなどが高い国際競争力を誇った1980年代までは「メンバーシップ型雇用」は企業、社員の双方に利点がありました。

企業は社員に対して職務内容や勤務地、勤務時間などを明示していないので、都合に応じて社員の配置を変えられます。

技術者を営業に異動させることで技術陣と営業担当部署とのコミュニケーションを円滑にし市場ニーズをより反映した製品を開発したり、優秀な営業担当者を外国に転勤させ海外市場の開拓を図ったりできました。

社員は容易に解雇されないという安心感を抱けました。

アメリカなど欧米企業で主流の「ジョブ型雇用」では、企業の戦略の変更や業績悪化などによって社員の担当する職務が必要でなくなった場合、その社員は解雇される場合が少なくありません。

「ジョブ・ディスクリプション（職務記述書）」には、「何らかの理由で職務が必要でなくなった場合の新たな職務」は一般的に記述されていません。雇用契約において、企業には社員に新たな仕事を用意する義務が無いのです。このためよほど優秀でない限り、社員は永続的な雇用を保障されません。

しかし「メンバーシップ型雇用」のもとでは、仮に何らかの理由で担当していた職務が必要でなくなっても、他部署に異動して別の職務を担当できるので、その企業に勤務し続けられます。

「メンバーシップ型雇用」は終身雇用と表裏一体だったと言ってもいいでしょう。社員は解雇の不安を感じることなく勤務でき、またそのような安心感や安定性が社員のやる気や企業への帰属意識を支えていたのです。この構図は経営が安定していた大企業ほど顕著でした。

しかし「メンバーシップ型雇用」のもとで社員の安心感や安定性を支えていた終身雇用は、金融危機が起きた１９９７年以降、一気に崩れていきます。

人員削減の嵐が吹き荒れた時代

ちょうどそのころ『日経ビジネス』の副編集長だった私は、当時受けた衝撃を今でもよく覚えています。

金融危機によって「いつかまた景気が盛り返すのではないか」という楽観ムードが雲散霧消し、企業経営者の間には「このままでは生き残れない」という危機感が充満していきました。そして１９９８年の正月三が日が明けたとたん、連日のように大企業による人員削減のニュースが報じられるようになったのです。

「リストラ」や「合理化」と称する人員削減に踏み切る企業は、国際競争力を落とした大手家電メーカーや不良債権に苦しむ金融機関だけではなく多くの業種に及びました。

以下は当時の日本経済新聞に掲げられた企業による人員削減の記事の見出しです。

「コスモ石油、人員さらに２割減へ、ガソリン下落――リストラを加速」（１９９８年１月５日付、日本経済新聞朝刊）

「キヤノン販売、３年で５００人削減――アップル製パソコン不振」（同１月９日付、日本経済新聞朝刊）

「東京ブラウス、本社ビル売却へ――社員１割減の３２０人に」（同１月21日付、日本経済新聞朝刊）

「コスモ証券、人員２割削減――３月末までに４００人」（同１月21日付、日本経済新聞朝刊）

「東急建設、現在４９００人の社員、３年で２割削減」（同１月30日付、日本経済新聞朝刊）

「長崎屋、今期経常赤字に、従業員５００人削減」（同１月31日付、日本経済新聞朝刊）

「大手18行、１万６０００人削減――興銀など７行、相談役廃止へ」（同３月１日付、日本経済新聞朝刊）

（社名はすべて当時のもの）

これらの見出しが示すように、石油元売りやアパレル、証券会社、建設会社、小売りなど多岐にわたる業種で人員削減が始まりました。

本稿を執筆するにあたり、新聞・雑誌記事データベースを利用して「リストラ」という言葉が載った当時の記事を検索したところ、日本経済新聞朝刊だけで、１９９８年１月１日から12月31日までの１年間に２２２０本もありました。１日に６本強の記事が掲載された計算です。

ちなみにリストラはリストラクチャリング（restructuring）の略語です。「再構築」と訳されるように、本来は企業再編や吸収合併などによる事業再構築を意味する言葉でしたが、金融危機以降、いつしか人員削減や合理化、整理解雇を意味するようになっていきました。

企業の人員削減は２０００年以降も続きました。いくらか景気が盛り返した２００３年にはやや下火になったものの、２００８年のリーマンショックで再び増え、リストラや合理化などと称する人員削減は今や追い込まれた企業が延命を図るための当たり前の手段としてすっかり定着した感があります。

「メンバーシップ型雇用」が「やる気」を蝕む

金融危機を転換点として終身雇用という支えを失った「メンバーシップ型雇用」は、やがてじわじわと社員のやる気や企業への帰属意識を蝕むようになっていきました。

先に触れたように「メンバーシップ型雇用」では、社員は会社の都合で異動や転勤、職種替え、出向を命じられます。辞令一本で意にそわない部署に異動させられたり海外に転勤させられたり、エンジニアやマーケッターとしてキャリアをまっとうしたかったのに別の仕事に就かされたりします。中堅を過ぎ、ベテランと呼ばれるようになれば片道切符の出向を命じられる覚悟もしなければなりません。職種が多様で、子会社を持ち、海外展開をしている大企業であればなおさらです。

それでも社員がやる気や企業への帰属意識を維持できていたのは、会社の業績が多少悪化しても、担当していた仕事が必要でなくなっても、その企業に勤務し続けられるだろうという安心感があったからでした。

しかし人員削減が企業延命の手段として当たり前になってしまった結果、社員はもはや「会社は私を庇護してくれる。たやすく解雇したりしない」という信頼感や依存心を抱けなくなってしまいました。それどころかいつか人員削減の対象になってしまうかもしれないという不安を抱きつつ働かなければならなくなりました。

そんな社員にとって、会社の都合で配置換えさせられる「メンバーシップ型雇用」はもはや割に合いません。意にそわない異動を受け入れ、どうしても好きになれない仕事を我慢して続けていても、海外に単身赴任し、慣れない環境に悪戦苦闘していても、会社は庇護してくれないかもしれないからです。

終身雇用というつっかえ棒が利かなくなったその時から、職務内容や勤務地、勤務時間などを限定しない「メンバーシップ型雇用」は、社員にとって異動や転勤、出向を「無理強い」される不平等な雇用契約に変貌してしまったのです。

しかも終身雇用の崩壊は、社員の意識と行動を変えました。

「定年退職までこの会社で働く」と考える社員は少数派となり、転職が当たり前になりました。

総務省の「労働力調査」によれば、バブル景気が始まった1985年の転職者数は159万人でした。これが金融危機を経た2000年には305万人とほぼ倍増し、コロナ禍で企業が採用を控えた2021年も290万人に達しています。転職希望者になると増加幅はいっそう拡大しており、1985年の366万人が2000年には643万人に、2021年には889万人に増えています。

転職サイト・リクナビが2019年に実施したアンケート[*1]はこのような社員の意識と行動の変化を如実に示しています。アンケートでは「転職活動をしたことはありますか？」という質問に対して「転職活動をして、実際に転職した」と回答した人は52・6％と半数以上を占めました。さらに「転職活動をした（転職しようと実際に企業に応募はした）が、転職はしていない」（12・4％）と合わせると65％の人が転職活動を経験しています。

年代別に見ると、50代では転職活動を行った人が54・1％だったのに対して、40代では80・8％に達しました。社会人経験が浅い20代、30代でもそれぞれ60・7％、64・1％に上ります。

終身雇用の崩壊によって、企業は依存する場所ではなくなりました。社員にとって企業は、将来の転職を想定して専門能力や技術を磨き、人脈を広げる場所、すなわち転職市場での「自分の価値（マーケタビリティー）」を高めるための場所になったと言ってもいいでしょう。

しかし会社の都合で異動や転勤、職種替え、出向を命じられる「メンバーシップ型雇用」では社員は必ずしも望むように専門能力や技術を磨けるとは限りません。

いつか人員削減の対象になってしまうかもしれないという不安を抱え、時に望まない仕事を強いられる。しかも転職市場での価値を高めることもままならない――そんな三方塞がりの状況では、社員のやる気が失われても不思議ではありません。

「私の会社は減点主義的ではない」と言えますか?

ここまで「メンバーシップ型雇用」が社員に「仕事を無理強い」する雇用形態へと変貌していった経緯について見てきました。

ここからは仕事やノルマを達成できなければ減点する「脅しの経営」の実態と弊害を見ていきたいと思います。

まず独自アンケート[*2]の結果をご覧ください。

仕事でミスしたり成果を上げられなかったりした時に、人事評価や給料を下げられたり降格させられたりするような「減点主義的な処遇」すなわち「脅しの経営」がどれだけの日本企業に存在するのか、全国に住む20歳以上、49歳以下の会社員ら90人を対象にインターネットを使って調べた結果です。

「自分の会社・職場は減点主義的ではない」と思っている社員の割合は、私が想像していたよりもずっと少数派でした。

図11　「減点主義的ではない」は4割強

Q1：あなたは会社・職場での社員への評価が減点主義的だと感じることがありますか？

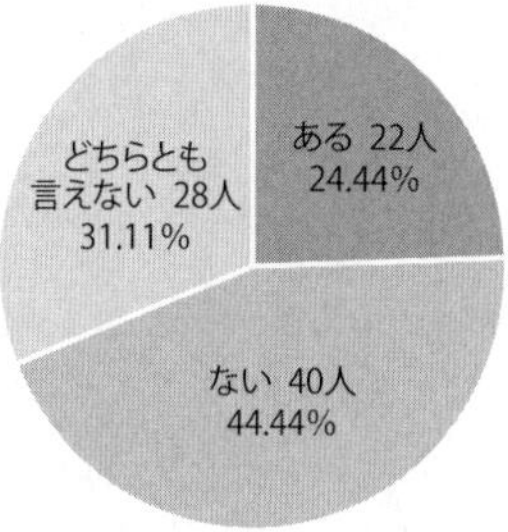

「あなたは会社・職場での社員への評価が減点主義的だと感じることがありますか？」と質問したところ、「ない」と明確に回答した人は40人で44・44％に過ぎなかったのです。

会社員の多くは成果目標を課されています。それが自分で設定した目標であれ、上司が指示した目標であれ、達成すべきノルマであることに変わりはありません。加えて会社員の多くは、人件費の削減を目的とする〝似非《えせ》〟「成果主義賃金制度」によって査定され、給料を決められています。しかも「メンバーシップ型雇用」のもとで、しばしば望まない部署や職種での仕事を強いられます。

そんな社員にとって、それでも何とか前向きに毎日の仕事に向き合おうと自分を叱咤できる術《すべ》があるとすれば、それは「自分の会社・職場は減点主義的ではない」と確信できることだけではないでしょうか。

しかしそんな確信を持てる社員は5人に2人強に過ぎませんでした。

一方「ある」は22人で24・44％でした。4人に1人が、「会社・職場での社員への評

図12　減点主義的だと感じる理由の１位は「社員個人が叱責」

Q２：減点主義的だと感じるのはなぜですか？
（問1で減点主義的だと感じることが「ある」と答えた人が対象、複数回答）

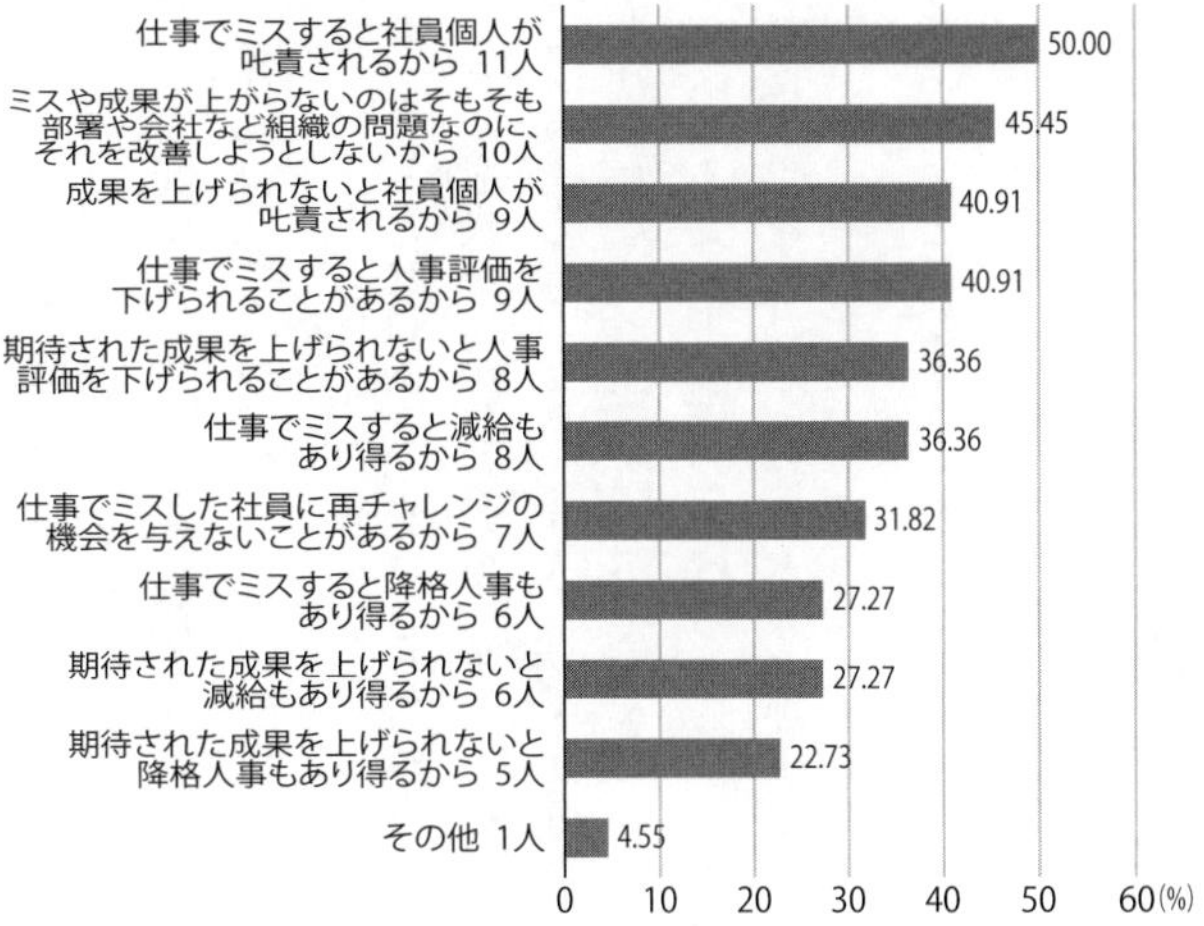

※39歳の会社員が「個人の意見を聞かない、個人の考えを全否定するから」と自由回答欄に記入

価が減点主義的だと感じている」つまり「脅しの経営」だと感じているのは由々しき状況だと思います。

また「どちらとも言えない」は28人で31・11％でした。この数字も問題を含んでいます。「減点主義的な処遇」があるのかないのかわからない企業では、もしかしたら「減点主義的な処遇」をされてしまうかもしれないという不安を拭いきれないからです。

では具体的にはどんな「減点主義的な処遇」があるのでしょ

うか。独自アンケートの結果から実態を見ていきたいと思います。
まず「あなたは会社・職場での社員への評価が減点主義的だと感じることがありますか？」という質問に「ある」と答えた人たちに「それはなぜですか」と複数回答で聞いたところ、以下の結果になりました。

仕事でミスすると社員個人が叱責されるから　11人　50・00％
ミスをしたり成果が上がらないのはそもそも部署や会社など組織の問題なのに、それを改善しようとしないから　10人　45・45％
成果を上げられないと社員個人が叱責されるから　9人　40・91％
仕事でミスすると人事評価を下げられることがあるから　9人　40・91％
期待された成果を上げられないと人事評価を下げられることがあるから　8人　36・36％
仕事でミスすると減給もあり得るから　8人　36・36％
仕事でミスした社員に再チャレンジの機会を与えないことがあるから　7人　31・82％
仕事でミスすると降格人事もあり得るから　6人　27・27％

期待された成果を上げられないと減給もあり得るから　6人　27・27％
期待された成果を上げられないと降格人事もあり得るから　5人　22・73％
その他　1人　4・55％（39歳の男性が「個人の意見を聞かない、個人の考えを全否定するから」と自由回答欄に記入）

ミスの原因を個人に負わせる無責任経営

これらの回答から浮かび上がってくるのは、仕事でミスしたり成果を上げられなかったりした時の責任を、ほとんどすべて社員個人に負わせ、人事評価や給料に反映させる無責任なマネジメント（経営・管理）の実態です。

ミスが発生したり成果が上がらなかったりする真因は、実は組織に潜んでいます。

個人はだれもが一定の割合でミスを犯します。どんなに注意しても見落としや失念、勘違いがあり得ます。企業は本来、そんなヒューマンエラーを見越して二重三重のチェック体制を組織内に用意しなければなりません。また社員が成果を上げられるように動機付けしたり支援したりする仕組みを組織に導入しなければなりません。ミスが顕在化したり、社員の成果が上がらなかったりするのは、経営者や上司がそれらを怠っているからです。

したがって社員が仕事でミスしたり成果を上げられなかったりした場合には、社員の仕

図13 「人事評価を下げられた」は２割強、「減給」は１割強

Ｑ３：あなた自身、仕事でミスしたり成果を上げられなかったりした時、人事評価を下げられたことがありますか？

Ｑ４：あなた自身、仕事でミスしたり成果を上げられなかったりした時、減給されたことがありますか？

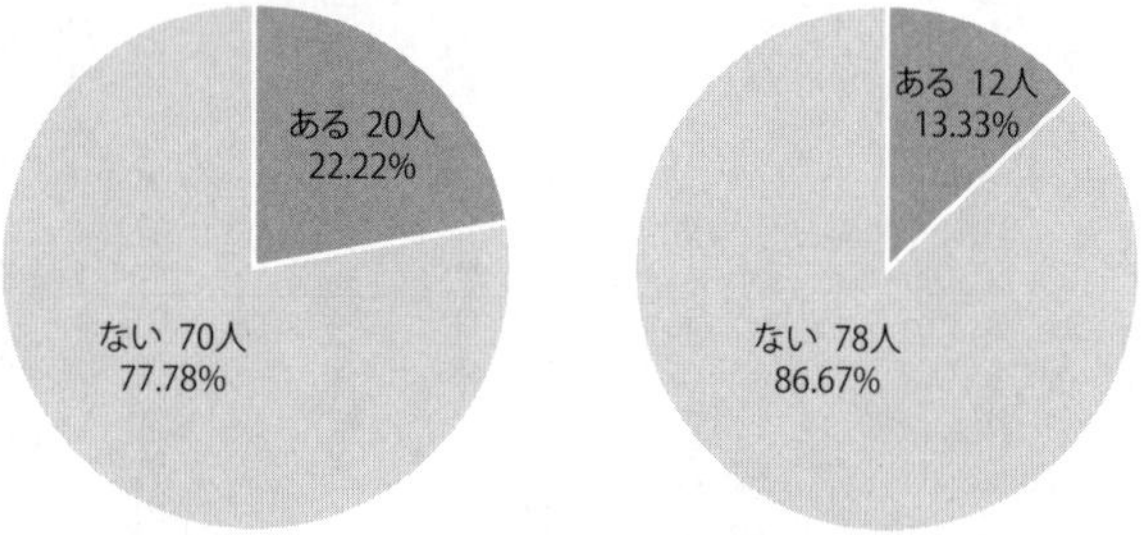

事の進め方を点検して改善点を見出すのと同時に、上司や経営者が本来の役割を果たしていたかどうかを検証し、至らなかった点を是正しなければなりません。

それをしないで、社員個人を叱責したり評価や給料を下げたりするのは、責任転嫁にほかなりません。ミスは減らないし成果は上がらないでしょう。それどころか「脅しの経営」によって社員のやる気はいっそう失われ、その結果ミスが増え、成果がますます上がらなくなってしまいます。

アンケートでは、仕事でミスしたり成果を上げられなかったりした時、人事評価を下げられたり、減給されたりした経験があるかも質問しました。「あなた自身、人事評価を下げられたことはありますか？」の質問に対しては、「ある」が20人で22・22％、「ない」が70人で、77・78％でした。

「あなた自身、減給されたことがありますか?」の質問に対しては、「ある」が12人で13・33%、ないが78人で86・67%でした。

「減点主義的な処遇」という「脅しの経営」はただ社員のやる気を蝕むだけではありません。その弊害は多岐にわたります。

大手電機メーカーで通信会社向けのソフトウエアの開発に携わり、後に独立して、今はフリーランスで働くあるプログラマーは、大手電機メーカーで勤務していたころを思い出しながら、こう話してくれました。

「私が勤務していた大手電機メーカーでは、通信会社に納入したソフトウエアにいくつものバグがあり、仕様通りに動かない問題が何度も起きました。バグとはプログラム上のミスや不具合のことです。その度にソフトウエア開発部門のトップである事業部長や私の上司である部長は通信会社の担当者に呼び出され、迅速な改善を要求されました。

彼らが会社に戻ってきてまず何をしたかというと、叱責と責任追及でした。私たち開発部門のプログラマーを全員集めて『なぜ納入する前にミスに気付かなかったんだ』と延々と叱り続け、開発部隊のリーダーに始末書を書かせたんです。そして『一刻も早くデバッグを終了させろ』と命じました。デバッグとはバグを取り除き、プログラムを修正する作業です。

しかしひたすら叱り続け、責任を追及するやり方で、事前にミスを潰せるような体制を構築できるかと言えば、無理ですね。なぜなら、それを実現するには、『上司から指示された以上の作業をしてやろう』というやる気を私たちエンジニアに持たせてくれなければならないからです。

もちろん私たちにはプロ意識がありますから怠けたりはしません。指示通りにはやり遂げようとします。しかし『言われたことだけをやればいい』という意識からは、皆でバグを徹底的に探し出して潰してやろうという前向きな姿勢は生まれません。実際、納入した後でバグがみつかる問題は何度も繰り返し発生しました」

私は第1章で「独創的な機能や魅力的なデザイン、効果的なブランディングを実現するには社員が仕事を面白がり、自発的かつ創造的に取り組むやる気が不可欠だ」と言いました。同様にミスをなくし、日常の仕事での成果を上げるうえでも、社員が仕事を面白がり、自発的かつ創造的に取り組むやる気が必要なのです。

このプログラマーが指摘したように、社員のやる気を失わせる「脅しの経営」はその点でも逆効果でしかありません。

「『課題』ではなく『検討すべき事項』と言ってください！」

「脅しの経営」の弊害はまだあります。ネット通販を手がける大手ＩＴ企業から経営コンサルタントに転身し、今は起業家として活躍する40代前半の経営者は、経営コンサルタント時代のこんな体験を教えてくれました。

「ある大企業が進めていたデジタルトランスフォーメーションつまりデジタル技術の導入による事業変革について、経営コンサルタントの立場で大企業の担当者たちに助言していたときのことです。私が『課題』という言葉を使うと、経営企画や営業、人事などの部署から参加していた担当者たちが例外なく嫌な顔をするんです。『デジタルトランスフォーメーションを推進するうえでの部署の課題について話し合いましょう』といったような、ごく当たり前の発言だったにもかかわらずです。

私はある時、『課題という言葉に何か差し障りでもあるのですか？』と質問しました。すると担当者の1人がこう言ったんです。『課題の存在を認めると、問題を認識していながら放置していると経営陣に受け止められてしまいかねません。そうなったら私たちの人事評価にも悪影響が及びます』と。

『ではどう言ったらいいんですか？』と私が驚きながら聞き返したら、別の担当者がこう答えました。『〝検討すべき事項〟とおっしゃってください。私たちは社内でそのように言っていますから』」

この挿話から浮かび上がるのは「脅しの経営」に萎縮し上司や経営陣の顔色をうかがっている社員の姿です。

「減点主義的な処遇」を恐れ、課題や問題点が存在することに怯えて、それらを無いものにしたがるような社員たちは、課題や問題点を上司や経営陣に積極的に報告しようとはしないでしょう。

これでは各部署での課題や問題点が経営陣になかなか共有されず、課題解決がいつまでも先送りされてしまい、いつか取り返しのつかない問題となって企業を揺るがすようになる懸念も否定できません。

「脅しの経営」は現場と経営陣との風通しを悪くさせ、情報伝達を阻害してしまいます。その点でも企業経営にとって負の要素でしかありません。

「脅しの経営」が招いた企業不祥事

弊害はそれだけではありません。

「脅しの経営」に萎縮し「減点主義的な処遇」を恐れる社員たちの姿勢は時に不祥事を招

き、企業の存続さえ危うくしかねません。

企業の不正行為を報じるニュースが後を絶ちません。ここ数年だけでも日本を代表する大企業の不正が次々に明らかになりました。

２０２２年にはトヨタ自動車の完全子会社のダイハツ工業で、安全性を確認する認証手続きでの不正が発覚しました。側面衝突した際の安全性を確認する試験で、安全基準に到達している認証を確実に得るため、一部の乗用車のドア部品に本来の仕様にはない加工を施していたのです。不正の対象となった乗用車は８万８０００台に上りました。

日野自動車の不正も同年に発覚しました。改ざんしたエンジンの燃費性能や排ガス量のデータを国に提出していたのです。外部の弁護士らで構成する特別調査委員会の調査で、検査データの不正な改ざんは遅くても２００３年からおよそ20年にわたり行われてきた事実も明らかになりました。

日野自動車は、不正の対象となった大型、中型トラックなどで生産や販売に必要な型式認証を国土交通省から取り消され、一時期、国内向けの全車種が出荷できない事態に陥りました。

同社は直後の２０２２年３月期の連結決算で最終損益が８４７億円の赤字に陥り、さらに直近の２０２３年３月期連結決算では最終損益の赤字額が過去最大の１１７６億円にまで膨らみました。販売台数が激減した悪影響は今もなお取引先の部品メーカーや販売会社などに及んでいます。

2021年には三菱電機の不正が明らかになりました。鉄道車両向け空調装置についての架空の検査データを、顧客である鉄道会社に報告していたのです。さらにこの問題の調査を進める過程で、鉄道車両向け空気圧縮機の検査でも不正が行われていたこともわかりました。三菱電機は一連の不正行為が組織的だったと認め、社長が引責辞任を表明する事態になりました。

不正は検査データの改ざんだけではありません。

2015年には東芝の不正会計事件が大きなニュースになりました。

「不正会計の疑いがある」という東芝関係者による証券取引等監視委員会への内部通報をきっかけに、同委員会、さらに外部の弁護士や公認会計士らで構成する第三者委員会が調査した結果、東芝は2008年度から2014年度第3四半期までの長期にわたり、合計1500億円超もの利益を水増ししていた事実が白日の下にさらされました。

東芝は2008年のリーマンショックの影響で主力の半導体事業が不振に陥り、2009年3月期の決算で当時としては過去最大の4000億円近い赤字を計上しました。さらに2011年の東日本大震災後の福島第一原発の過酷事故の影響で、当時の中核事業の一つだった原子力発電所事業の新規受注が激減し、こちらも暗礁に乗り上げました。利益の水増しはこのような業績の大幅悪化を隠ぺいするのが目的でした。いわゆる粉飾決算です。

同年、田中久雄社長（当時）は責任を取って辞任、さらに前社長の佐々木則夫副会長（当時）、前々社長の西田厚聰相談役（当時）ら８人が取締役を引責辞任しました。

不正会計問題を引き金に、東芝は経営危機に陥りました。２０１６年には家電、パソコンなどの不採算事業から撤退を余儀なくされ、１万４０００人規模の人員削減、配置転換を発表しました。さらに資金繰りが行き詰まるのを避けるため、業績が好調だった医療機器子会社の東芝メディカルシステムズをキヤノンに売却して、資金を捻出しました。

「東芝１４０年の歴史の中で最大とも言えるブランドイメージの毀損《きそん》となり、一朝一夕では回復できない」

当時の田中社長は引責辞任を発表した会見でこう発言しました。その言葉通り、東芝のブランドイメージは今も回復していません。

追い詰められた社員が不正に手を染める

ここで取り上げた大企業が不正に手を染めた状況や経緯はもちろんそれぞれ異なります。

しかし「脅しの経営」に萎縮し「減点主義的な処遇」を恐れる社員たちの姿勢が不正の土壌となっていた点では共通している、と私は見ています。

東芝の不正会計事件では、業績の大幅悪化に直面した当時の田中社長、佐々木前社長、西田前々社長が、何とか業績を上向かせようとして「チャレンジ」と称する高い利益目標の達成を現場の社員たちに要求していました。

第三者委員会がまとめた調査報告書は「この『チャレンジ』と称する過大な損益面での改善要求が不正会計問題につながった」と指摘しています。

おそらく経営陣が要求した利益目標は現場の社員からすれば実現困難な水準に設定されていたのでしょう。しかし「脅しの経営」に萎縮した社員たちは経営陣に対して「達成できない」とは言えません。たとえ困難な目標でも、達成に向けて懸命に努力する姿勢を示さなければ「減点主義的な処遇」の対象になってしまうかもしれないと恐れているからです。

現場の社員たちは、経営陣からの過大な要求と、事業環境という現実との板挟みとなりました。追い詰められた社員はやがて不正会計に手を染め、利益を水増しするようになっていったのでしょう。

これについて当時の田中社長は記者会見で、「不適切会計の原因となったと言われる過大な業績目標を各事業部に要求した認識はない」と発言しました。さらに「私は業績の改善要求を『チャレンジ』などと呼ばずに『必達目標』と呼んでいた」「月末や期末の必達目標はきちんと理由のある実現可能な範囲で各事業部に要請していた」とも言い、現場に圧力をかけた事実は無いと強調しました。

田中社長ら経営陣の認識では「過大な要求」ではなく「実現可能な範囲での要請」だったのかもしれません。

しかし先に触れたように「脅しの経営」は現場と経営陣との風通しを悪くさせ、情報伝達を阻害します。「減点主義的な処遇」を恐れる社員たちは、現場の課題、問題点を包み隠さず経営陣に報告したりしないからです。

東芝も同様だったのではないでしょうか。経営陣と現場の社員とで課題、問題点が十分に共有されておらず、経営陣の甘い状況認識と、現場の社員の厳しい状況分析との間に、埋めがたい乖離《かいり》が生じていたのだと思います。

この結果、経営者には「実現可能」でも、現場の社員にとっては「過大」となってしまったのでしょう。

加えて「脅しの経営」に萎縮した社員にとっては、経営陣の「要請」は「要求」にほかなりません。「減点主義的な処遇」を恐れる社員は、それに疑義を呈したり、意見を挟んだりできないからです。ましてや経営陣の「要請」が「必達目標」であればなおさらでしょう。

「日程守れ！」はトップダウン、実現はボトムアップ

日野自動車の燃費性能や排ガス量のデータ不正でも同様の構図が存在していました。外部の特別調査委員会が公表した調査報告書には、経営陣からの指示に圧迫され追い詰められたエンジン開発担当の社員たちが、何が何でも開発日程を守り、数値目標を達成するため、燃費性能・排ガス量のデータ不正に手を染めていく実情が示されています。調査報告書はさらに「脅しの経営」の実態や、それによって萎縮しやる気を無くしていった社員たちの生々しい声も伝えています。

特別調査委員会は調査報告書の作成にあたり、日野自動車の社員約９２００人にアンケートを行いました。質問は以下の三つで、回答は自由記入形式です。

①「不正につながった原因や背景は、組織のあり方、風土などに関する問題点も含めてどのようなものだと考えますか」

②「不正を契機として、これからの日野自動車には何が必要で、何を変えていくべきだ

と考えますか」

③「特別調査委員会へのご意見、ご要望があればお寄せください」

そして、期限までに寄せられた約2000通の回答を、

・「不正の直接的な原因にかかわる回答」
・「不正につながった日野自動車の企業風土や体質にかかわる回答」
・「不正発覚を受けた社員の心情や要望についての回答」

の三つに分類し、分析を加えるとともに回答内容を一部、調査報告書に掲載しています。

いくつか引用してみましょう。読者の理解を助けるため、一部の表現や表記を筆者が改めています。

まず「不正の直接的な原因にかかわる回答」です。エンジンの開発期間が短いことへの不満が目立ちます。

「そもそもショートしている（筆者注、短いの意）開発日程、これをさらに短縮させセノーと言わせない開発プロセス。日程守れ（だけ）はトップダウン（上司・経営陣からの命令の意）、それを（どうにかこうにか）実現はボトムアップ（現場の努力や工夫の意）」

「開発・評価に十分な時間が無く、うまくいく前提の日程しか組まれていない。また日程の変更に対して抵抗が大きすぎ、日程変更を申し出ると非難される」

「最初から作り込めない日程で始まり、確認の関所でも止めるという選択肢が無い。問題があっても日程不変で何とかしろとなってしまう。問題が実務で隠される」

続いて「不正につながった日野自動車の企業風土や体質にかかわる回答」です。社員が経営陣からの指示に疑義を呈したり意見を挟んだりできない、「社員にモノを言わせない」マネジメントの弊害が浮かび上がってきます。

「年功序列ではなく能力主義と言われる評価制度になっているが、客観性のある能力評価のしくみが確立出来ているとはまったく思えず、悪い言葉で言うと権力者の好き嫌いで評価が決まると、昔から言われているのをよく聞く。そのような評価制度のなかで、担当者がもし『問題を解決できない』とか『開発日程を守れない』などと報告した場合、『こいつは能力が低い』と評価され、昇格も昇給もされないことになる。また昔から一度上司に嫌われたら二度と評価が上がらないと言われているのをよく聞く」
「私は中途入社であるが、前職に比べると個人的意見が言いづらい、喧嘩口調といった社風があると痛感した。これでは言いたいことも発言できず上司の言いなりになるしかないと思う」
「先輩が新人にする教育は高圧的で、脅迫することで『上には逆らえない』を植えつけさせるものであったと感じる。このような教育もあってか日野自動車では上の意見は絶対で、神様のようにあがめ、上（神様）が決めたことが絶対であり、未達成はありえないという風土が形成されていったように考えられる」

モノを言わせない「無理強いの経営」によって仕事から自主性や創造性を奪われ、減点主義的な「脅しの経営」のもとで萎縮せざるを得ない社員の屈託が、これらの回答から伝わってきます。

脅されている社員は、仲間（同僚）を助けない

報告書にはさらにこんな回答が紹介されていました。

「我々は『お立ち台』と呼んでいたが、問題が発覚して日程内に間に合わなければ、開発状況を管理する部署の前で状況を説明させられ、担当者レベルで責任を取らされることになっていた」

日野自動車では、開発日程を守れなかったり数値目標を達成できなかったりした場合、担当者は他の部署も出席する会議の場で経緯や対応策について説明を求められたというのです。経営陣の要求に応じられなかったら、衆人環視の中で集中砲火を浴び、吊し上げられてしまう——まさに「脅しの経営」を象徴する慣行でしょう。

さらにこんな回答もありました。

「全体的にお客様のためではなく役員や上役のために仕事をしている。納期を守れないと怒られる。事情があっても寄り添ってもらえない。困っている人がいても役員や上役から言われた仕事以外には手を出さない、助けない。結構末期症状だと思う」

「声を上げた人が自分でやらなければいけない風土がある（数年前の会社スローガンが『私がやります宣言』だった）。是正した方が良いことがあっても、声を上げると自分が動かな

ければならなくなるため、結局、自分に影響が無い限りはあえて指摘をしないような雰囲気になってしまう。問題点に気づいていても教えてくれる人がとても少ない」

「脅しの経営」に萎縮し、「減点主義的な処遇」を恐れる社員にはもはや困っている同僚、仲間に手を差し伸べる余裕などなかったのでしょう。

不正に手を染める企業はほんの一部に過ぎないと私は思います。ほとんどの企業は法令を遵守しているはずです。

しかし東芝や日野自動車のマネジメントや企業文化が極めて例外的かと言えば、私にはそうは思えません。

独自アンケート[*2]では「自分の会社・職場は減点主義的ではない」と明言できる社員は5人に2人強に過ぎませんでした。6割弱の社員は、荷物を下ろしたら罰を受けるかもしれないという不安を抱きながら、山道を登り続けているのです。

私は日本企業が活力を取り戻すために「減点主義的な処遇」を今すぐにでもやめる必要があると考えます。懲罰的な人事は、意図的に機密情報を漏らしたり、同僚の足を引っ張ったり、仕事を怠けたりするなど、悪意ある社員に限定すべきです。

図14　4割強が「減点主義的な傾向は改善されない」

Q5：あなたの会社では今後、減点主義的な傾向は改善されると思いますか？
（Q1で減点主義的だと感じることが「ある」と答えた人が対象）

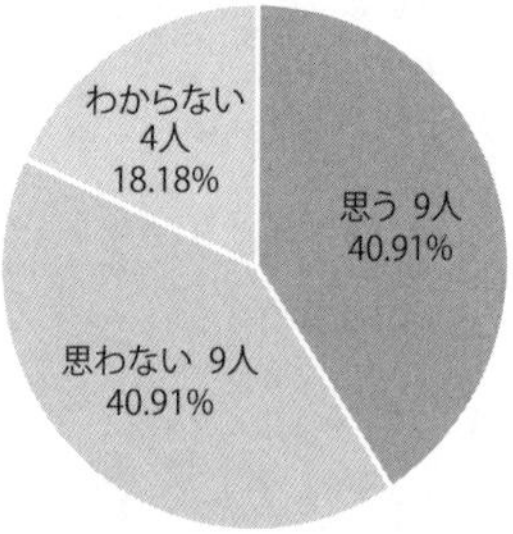

しかし「脅しの経営」が改善する兆しははっきりとは見えません。

「会社・職場での社員への評価が減点主義的だと感じたことがある」人たちに、「今後、減点主義的な傾向は改善されると思いますか？」と聞いたところ、「思う」が40・91%で、「思わない」と答えた人たちと同率でした。「脅しの経営」が改善されると期待している社員は半数以下でした。

【本章のまとめ】

- ◆会社の都合で異動や転勤を命じられる日本企業の「メンバーシップ型雇用」
- ◆それでも社員がやる気を維持できたのは終身雇用神話があったから
- ◆１９９７年の金融危機以降、企業はリストラを推進、終身雇用は崩壊した
- ◆独自アンケートでは「私の会社は減点主義的ではない」と確信できた社員は４割

＊1 同調査は2019年5月9日〜16日に実施。調査対象は正社員として働く20代から50代の男女209人。うちわけは男性120人、女性89人。

＊2 回収日：2023年5月31日。回答者の居住地：全国。回答者の年齢・性別：20歳以上、49歳以下の男女。職業：会社員（正社員、契約・派遣社員など）。回答者数：90人（20代が30人、30代が30人、40代が30人）。アンケートはネット上でサービスを提供するアイブリッジのアンケートツール Freeasy を使用。

◆仕事を無理強いし、できなければ減点する「脅しの経営」がやる気をさらに蝕む

第3章　コストカッターの罪

——人材が育たず競争力が損なわれる悪循環

「上司の立場も威厳もあったものではないですよ！」

「まさか32歳の部下から指示を出されるようになるとは想像もしていませんでした。相手は年下の上司でも他の部署の若手社員でもありません。正真正銘、直属の年下の部下から、ネット通販の業務について『こうしてください』と具体的に指示されたんです」

日用品メーカーに勤務する鈴木康夫さん（仮名）が自嘲気味に発したこの言葉を、私は今でもよく覚えています。鈴木さんは40代後半で、営業担当の中間管理職でした。

コロナ禍前のことです。鈴木さんが勤務する会社では自社商品のネット通販を始めました。

事業を所管することになったのは鈴木さんの所属する営業部門でした。

鈴木さんたちは、専門技術や知識、経験を持つ人材が社内にいなかったので、ホームページのデザインから制作、運営管理、販売実績・顧客の分析まで、一連のネット通販業務を代行してくれる企業に外注しました。

しかし鈴木さんたちは代行サービス会社を指示通り動かすのに四苦八苦しました。鈴木さんたちに技術や知識が無いためうまく意思疎通できず、意図が十分に伝わらなかったのです。ホームページのデザインを修正してもらうのにも苦労したほどで、ましてや代行サービス会社の運営管理や分析手法に注文をつけることなど到底できませんでした。

そこで鈴木さんの会社では、ネット通販の起ち上げ・運営経験がある30代初めの社員を中途で採用し、鈴木さんの部署に配属させました。彼女はもともとIT（情報技術）のエンジニアで、SE（システムエンジニア）の経験もあります。


彼女は代行サービス会社の運営管理や分析手法を点検し、やがて上司である鈴木さんに「代行サービス会社との交渉でこう言うように」と指示を出すようになりました。

鈴木さんはコンピューターやITの知識がほとんどありません。ネット通販事業の経験もまだ十分とは言えません。そのため彼女の指示が的確かどうかわからなくても、指示通りにするしかありませんでした。

「上司の立場も威厳もあったものではないですよ。昔はこれでも若手から尊敬され手本にされていたんです。新人や若手が入ってきたら取引先に連れていって営業や交渉の現場を実地に見せて、仕事を覚えてもらいました。『俺の背中を見て仕事を覚えろ』ですね。それが今ではインターネットが当たり前になったために、仕事の内容や進め方がすっかり様変わりして、これまでの知識や経験が通用しない場面だらけになってしまいました」

「インターネットやコンピューターについての社内研修は無かったのですか」

私はそう鈴木さんに聞きました。

「ありませんね。うちの会社はあまり研修に熱心ではなく、仕事に必要な知識や技術はOJT（On-the-Job Training＝職場内訓練）で学ぶのが中心でした。実地で体験させ、覚え込ませてきたのです。もっともOJTは基本的には先輩社員が過去に積み重ねてきた知識や技術、体験を学ぶ教育法ですから、インターネットを使う新しい業務や仕事について学ぶのには適していませんよね。そこで経営陣も最近、外部の専門家を招いた社内研修の必要性を意識し始めているようですが、研修に割かれる時間やコストを考えるとなかなか実施に踏み切れないようです」

「もしインターネットやコンピューターについての研修が開催されたら、鈴木さんは積極的に参加したいですか？」

「参加したいですね。この年になってコンピューターやITについて勉強するのは正直、しんどそうで、面倒にも感じられますが、勉強できるものならしてみたい気持ちもあります。ただ会社が本当に研修会を開いてくれるかどうか。これまでも何度かそんな話が出て、結局は立ち消えになったんですよ」

鈴木さんはそう言って苦笑を浮かべました。

このエピソードを読んで、第1章冒頭の田中さんの話と同じように、身につまされた人は少なくないと思います。もしかしたら鈴木さんのような上司あるいは同僚が近くにいらっしゃったり、あなた自身がそうであったりするかもしれません。

鈴木さんは「うちの会社はあまり研修に熱心ではなく、仕事に必要な知識や技術はＯＪＴで学ぶのが中心でした」と言いました。

このような企業は日本では多数派です。日本企業の社員教育はＯＪＴが中心で、ＯＦＦ ＪＴ（Off the-Job Training＝職場外訓練）と呼ぶ、業務を離れた研修の実施については欧米企業に比べて消極的なのです。

教育・研修費はアメリカ企業の60分の1

図15のグラフをご覧ください。

日本企業が社員の能力開発にかけている費用の水準を先進各国の企業と比較したグラフです。具体的には企業が支出したＯＦＦ ＪＴへの金額が、一国の経済規模を示すＧＤＰ（国内総生産）に占める割合はどれほどなのか、5カ年平均の推移を比較しています。

グラフは厚生労働省が２０１８年に発表した「平成30年版　労働経済の分析」の中の「ＧＤＰに占める企業の能力開発費の動向」からの抜粋で、ＯＪＴは含んでいません。

図15　GDP（国内総生産）に占める企業の能力開発費の国際比較

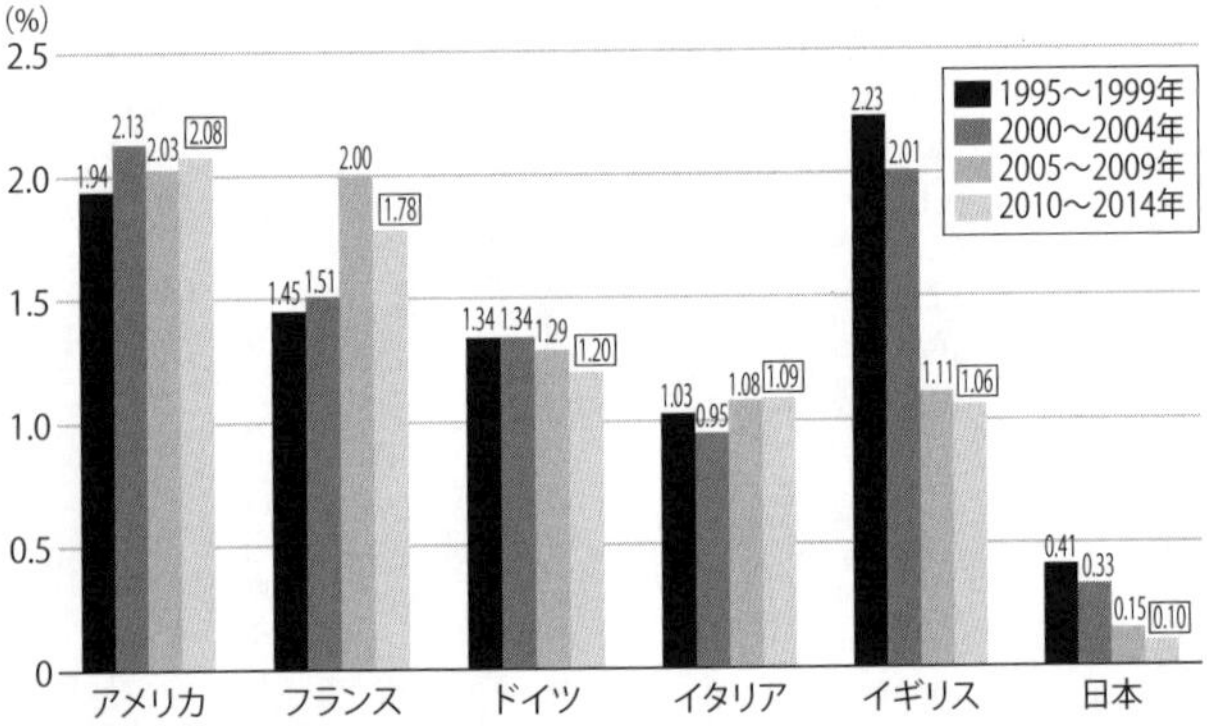

資料：厚生労働省　「平成30年版　労働経済の分析」
備考：能力開発費が実質GDPに占める割合の５カ年平均の推移を示している。なお、ここでは能力開発費は企業内外の研修費等を示すOFF JTの額を指し、OJTに要する費用は含まない。

棒グラフにあるように、日本企業の能力開発（ＯＦＦ　ＪＴ）費の水準は、アメリカやイギリス、フランスなど欧米５カ国に比べて極端に低く、しかもＧＤＰに占める割合が年々低下しています。

アメリカのＧＤＰに占める企業の能力開発（ＯＦＦ　ＪＴ）費の割合は、１９９５年から１９９９年の平均が１・９４％でした。それが２０１０年から２０１４年の平均では２・０８％へと増加しています。フランスも同１・４５％から同１・７８％へと増加しています。イギリスは同２・２３％から同１・０６％へと減少していますが、それでも１％を超えています。

一方、日本は１９９５年から１９９９

年の平均が0・41％とアメリカやイギリスの5分の1の割合でした。しかも2010年から2014年の平均は0・10％まで低下し、アメリカの20分の1、イギリスの10分の1の水準にまで落ち込んでいます。

日本企業がＯＦＦ　ＪＴに支出した実際の金額になると、アメリカの20分の1どころではありません。

調査対象期間となった2010年から2014年のアメリカの実質ＧＤＰは、平均するとおよそ16兆ドルでした。当時のドル円の為替レートは、2010年の1ドル80円台後半から2014年の1ドル110円弱まで幅がありますが、仮に1ドル100円として計算するとおよそ1600兆円です。同期間の日本の実質ＧＤＰは500兆円ほどなので、アメリカの経済規模は日本の3倍強に達します。つまり、

1／3（日本の経済規模はアメリカの3分の1弱）×1／20（日本企業の能力開発費の割合はアメリカ企業の20分の1の水準）で、1／60

日本企業が社員の能力開発に使っている実際の金額は、アメリカの企業の60分の1弱に過ぎないのです。

厚生労働省はこのような状況に対して、「平成30年版　労働経済の分析」でこう警鐘を鳴らしました。

「国際比較によると、我が国のGDPに占める企業の能力開発費の割合は、米国などと比較し、突出して低い水準にあり、経年的にも低下していることから、労働者の人的資本が十分に蓄積されず、ひいては労働生産性の向上を阻害する要因となる懸念がある」

厚生労働省の危機感はもっともでした。

前章で触れたように、2000年以降、デジタル技術の浸透によってモノづくりの分野では競争力の決め手は独創的な機能や魅力的なデザイン、巧みなブランディングへと変わりました。

それらを担うのは優秀でクリエイティブな製品開発担当者やデザイナー、マーケティング担当者であり、まさに人材の質が競争力の決め手になりました。

小売業やサービス業でも、インターネットの普及でビジネスのあり方や仕事の進め方が一変しました。

小売業ではネット通販の市場規模が13兆円を超え、スーパーマーケットの年間総売上高に迫ろうとしています。経済産業省「令和3年度　電子商取引に関する市場調査　報告書」によれば、2021年の日本国内の消費者向けEC（電子商取引）の市場規模は、物販が前年比8・61％増の13兆2865億円に達しました。一方、経済産業省の「商業動態統計」（2023年1月公表）によると、2022年の国内スーパーマーケットの総販売額は前年比1・0％増の15兆1536億円でした。

サービス業でもホテルや交通機関をネットで予約したり、映画館などのチケットをネットで購入したりするのがごく普通の手続きになりました。

さらにあらゆる業種で、デジタル技術を使って事務作業を効率化したり、定型的な作業を自動化したりする取り組みが企業の競争力を左右するようにもなりました。

日用品メーカーに勤務する鈴木さんが自嘲気味に語ったように、まさに「仕事の内容や進め方がすっかり様変わりしてしまい、これまでの知識や経験が通用しない場面だらけ」になったのです。

こうした変化に対応するため、日本企業には、過去に積み重ねてきた知識や技術、体験を継承するOJT（職場内訓練）だけではなく、OFF JT（職場外訓練）による社員の能力開発がこれまで以上に強く求められていたのです。

図16　日本企業1社当たりの能力開発費の推移

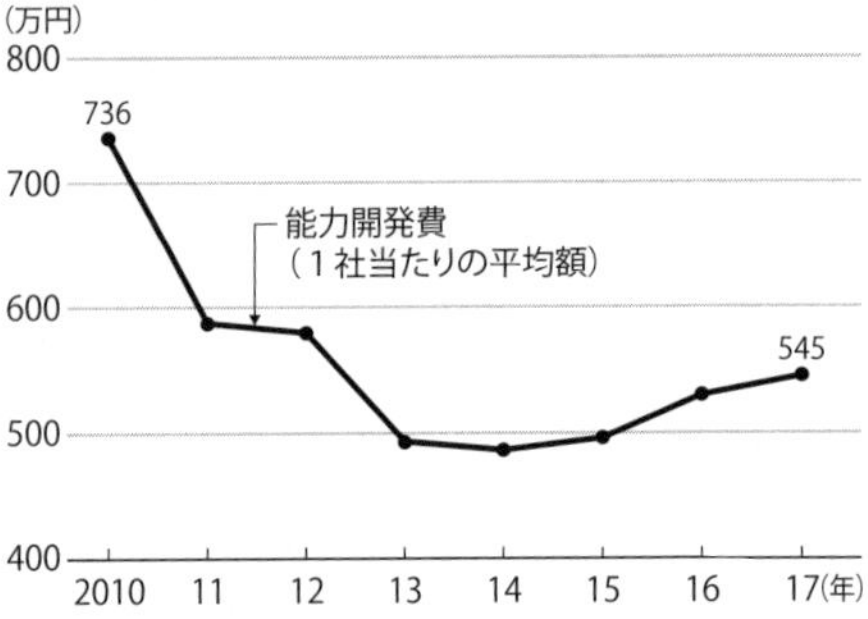

資料：厚生労働省　令和2年版「厚生労働白書」
備考：企業が負担する能力開発費（OFF JT）に加えて、社員の自己啓発支援の費用も含む。

では厚生労働省の警鐘を日本企業はどう受け止めたのでしょうか。

図16の折れ線グラフをご覧ください。図15の棒グラフが示した2014年以降の日本企業の能力開発費の推移が見られます。

このグラフを見ると、2010年から2014年まで低下していた能力開発費は2015年以降、微増へと転じているのがわかります。しかし2010年に比べると3分の2程度の金額にとどまり、欧米企業との格差を縮めているとは到底言えません。

仮にアメリカ企業の能力開発費の水準が横ばいだったとしても、アメリカの実質GDPは今や日本の4倍にまで拡大しているので、日本企業の能力開発費はアメリカ企業にさらに水を開けられている可能性が濃厚です。

それどころかコロナ禍収束後の人手不足に直面するアメリカ企業は、優秀でやる気のある社員を獲得するため、能力開発費をいっそう積み増ししているかもしれません。そうだとすればアメリカ企業の背中はいっそう遠ざかっているでしょう。
いずれにしても厚生労働省の警鐘は顧みられていません。

「OJTが日本企業の強み」は過去の話

ここまで日本企業が欧米企業に比べ、いかにOFF JTに消極的かを見てきました。ではOJTには熱心なのでしょうか。

私が『日経ビジネス』の若手記者だった1980年代には、「日々の業務を通して、先輩社員が過去に積み重ねてきた知識や技術、体験を学ぶOJTが日本企業の強みだ」とよく言われました。それは今も変わっていないのでしょうか。

残念ながら「OJTが日本企業の強み」だったのは過去の話です。

図17のグラフは、OJTを実施している企業の割合の国際比較です。

日本企業のOJT実施率は、男性社員が50・7%とほぼ2社に1社の割合で、比較可能なOECD（経済協力開発機構）加盟23ヵ国中、18位と下位に低迷しています。女性社員への実施率は45・5%と男性社員よりも低く、同19位に沈んでいます。

OECD平均のOJT実施率は、男性社員が55・1%、女性社員が57・0%なので、日

図17　OJTの実施率の国際比較

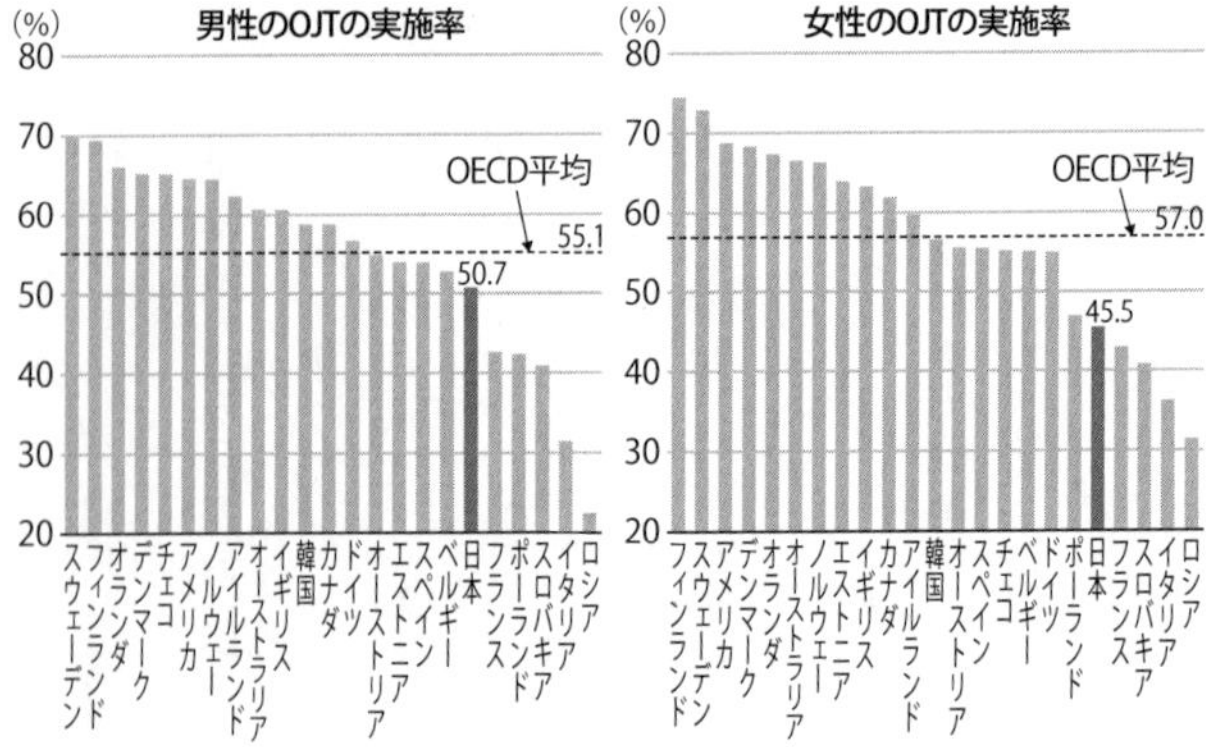

資料：厚生労働省　「平成30年版　労働経済の分析」
備考：1．2012年にOJTを行った国について、OJTの実施率が高い順に並べたもの。
　　　2．OJTの実施率は、OECD「国際成人力調査（PIAAC）」から引用している。

本企業の実施率はＯＥＣＤ平均より男性社員が４・４ポイント、女性社員が11・５ポイントも下回っている計算になります。女性社員への実施率の低さが際立ちます。

日本企業とは対照的に、ＯＪＴ実施率が高いのはスウェーデンやフィンランド、アメリカの企業です。スウェーデンやフィンランドでは男性社員が70％近くに達し、女性社員は70％を超えています。アメリカも男性社員が60％台半ば、女性社員は70％近くに達しています。

本章の冒頭で日用品メーカーの鈴木さんが「うちは仕事に必要な知識や技術はＯＪＴで学ぶのが中心でした」と指摘したように、日本企業の社員教育はＯＪＴが主流ですが、そのＯＪＴにしても実施率は世界標

図18　労働者の能力不足に直面している企業の割合の国際比較

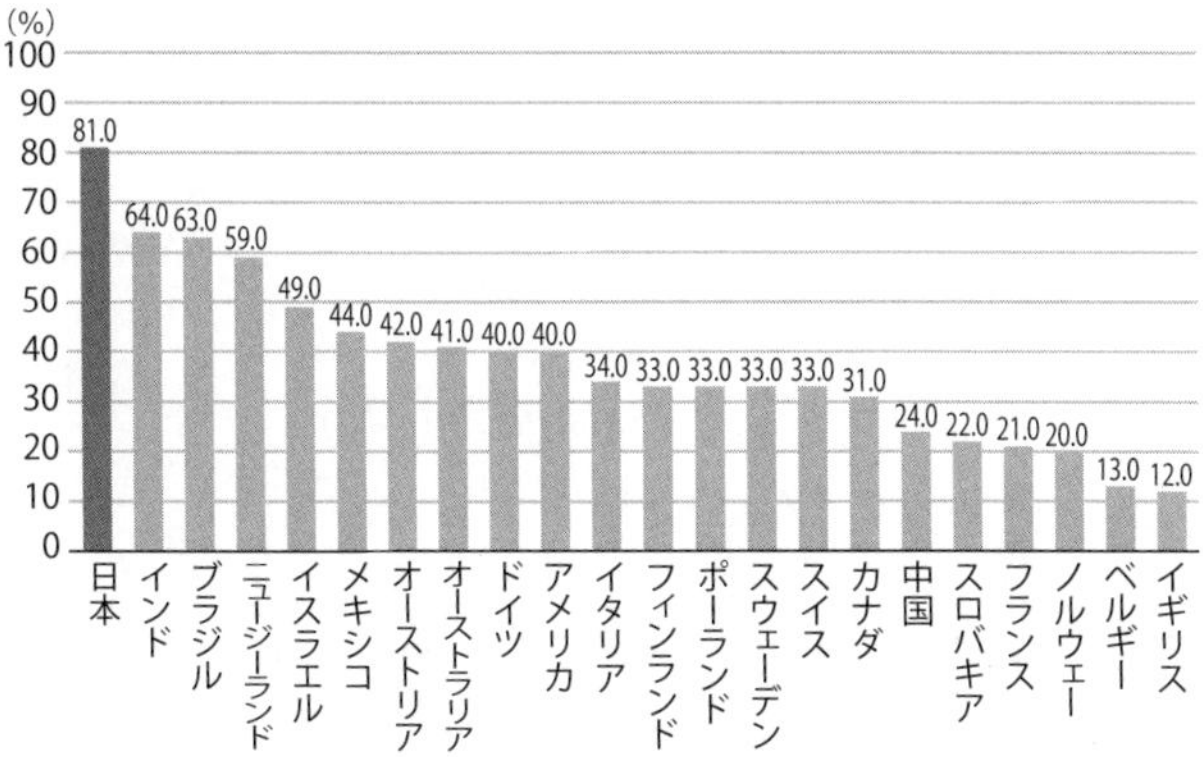

資料：厚生労働省　「平成30年版　労働経済の分析」
備考：１．労働者の能力不足を課題としている企業の割合を示している。
　　　２．Manpower Group “Talent Shortage Survey(2014)” のデータを用いた2014年の数値を示している。

準を下回っているのです。

社員の能力不足に直面する日本企業は81％

ではなぜ日本企業のＯＪＴ実施率が世界では下位に落ち込んでしまったのでしょうか。経営者や上司は社員の能力や知識、技術に満足しているので、ＯＪＴを実施しなくてもいいと考えるようになったのでしょうか。

もちろんそんな喜ばしい状況ではまったくありません。

図18のグラフをご覧ください。「業務を遂行するに当たって、労働者の能力不足に直面している」と考える企業の割合の国際比較です。

社員の能力不足に直面している日本企業の割合は何と81・0%と、比較可能なOECD22ヵ国の中でひときわ高い水準に達しています。8割を超える日本企業の経営者や上司は、社員の能力や知識、技術に満足しているどころか、社員は能力不足だと考えているのです。

これに対して欧米の主要先進国では、社員の能力不足に直面している企業の割合はドイツとアメリカが40・0%、フランスが21・0%、イギリスが12・0%です。

日本はなぜ社員の能力不足に直面している企業の割合がこれほど高いのでしょうか。

答えはすでに明らかです。

日本企業がOFF JTに使っているお金は、アメリカの企業の60分の1弱に過ぎません。OJTの実施率も、男性社員では比較可能なOECD加盟23ヵ国中18位、女性社員では同19位に沈んでいます。企業が社員の能力開発を図ろうとしなければ社員の能力は高まりません。こんなことはだれにとっても自明の理でしょう。

それなのに日本企業はなぜOFF JTにもっとお金をかけ、OJTの実施率を高めようとしないのでしょうか。その8割が社員の能力不足に直面しているのにもかかわらず、手を打とうとしない日本企業、とりわけ資金力のある大企業の経営は異様にも思えます。

30年間増えていない設備投資額

図19　日米の年間の設備投資額の推移

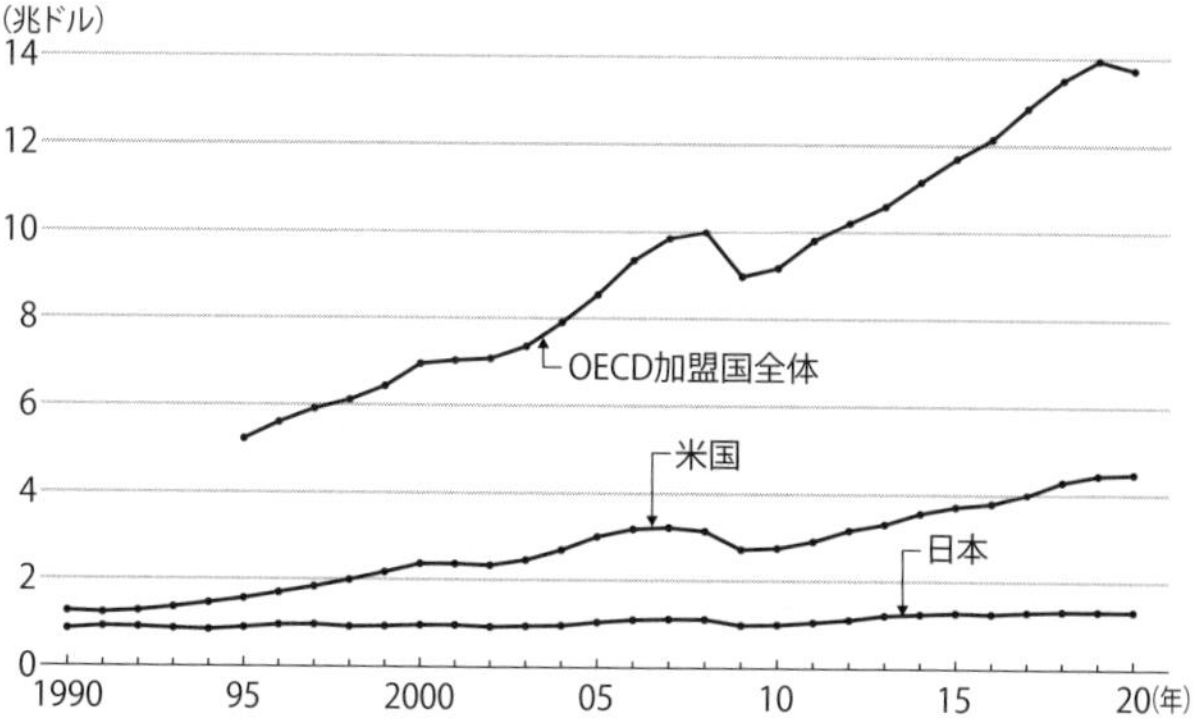

OECDのデータによる

その原因を分析する前に、日本企業の吝嗇《りんしょく》ぶり、ケチケチぶりを示す数字をもう少し紹介しましょう。

一つは設備投資の金額です。

設備投資とは、工場や倉庫、研究開発拠点を建設したり、コンピューターを導入して情報システムを構築したりするなどモノへの投資を意味します。

ＯＥＣＤは、加盟国の年間の設備投資額の推移も集計しています。それによれば日本の設備投資額は１９９０年から２０２０年までほぼ横ばいです。この30年間、設備投資額をほとんど増やしていないのです。

一方、アメリカの設備投資額は１９９０年から２０２０年までにおよそ４・５倍に増大しています。ＯＥＣＤ加盟国全体の合計額も右肩上がりですから、ほとんど増えていない日本の停滞ぶりが際立ちます。

OECDのデータには、国による道路や橋梁の建設のような公的部門のインフラ投資なども含まれています。そこで財務省の「法人企業統計」の中にある民間設備投資（企業による設備投資）の総額推移（保険・金融業を除く）を見てみると、

2016年　42兆9380億円
2017年　45兆4474億円
2018年　49兆1277億円
2019年　44兆0394億円
2020年　41兆8314億円
2021年　45兆6613億円
2022年　47兆6559億円

と、41兆円台から49兆円台の間を行ったり来たりしており、傾向としてはほとんど横ばいです。

日本企業は老朽化した設備の更新投資を除けば、国内での新規設備投資に後ろ向きの姿勢を取り続けてきたのです。企業、とりわけ大企業が新規の設備投資に後ろ向きでは、機械など生産設備の需要は拡大せず、雇用もあまり生まれません。日本銀行による異次元の金融緩和で企業がお金を借りやすいようにしても、資金需要が少ないため経済の活性化にはなかなかつながりません。吝嗇な大企業は日本経済ひいては私たちの生活を冷え込ませてしまったのです。

図20と図21の二つのグラフは2021年11月に開かれた経済産業省による第1回産業構造審議会　経済産業政策新機軸部会で示された資料から抜粋しました。

図20からは、人にもモノにもお金をかけない日本企業の余剰資金が他の先進国の企業に比べて潤沢で、お金が使われず積みあがっている傾向がわかります。

図21は、日本企業の利益（営業利益）に対する設備投資額の比率が年々低下している傾向を示しています。

これでは日本企業の国際競争力が低下し続けてもまったく不思議ではありません。

ちなみに産業構造審議会　経済産業政策新機軸部会は、日本経済が過去30年にわたる低迷から脱却するために、目指すべき経済社会の姿やその実現に向けた政策の基本的な考え方についての議論を重ねる会議の場として設けられました。2022年6月、「企業も国、自治体も一歩前に出て成長分野に大胆に投資することが重要である」とする「中間整理」を取りまとめています。人にもモノにも投資しない日本企業への危機感がそこに込められていることは言うまでもありません。

図20　企業の資金余剰の国際比較

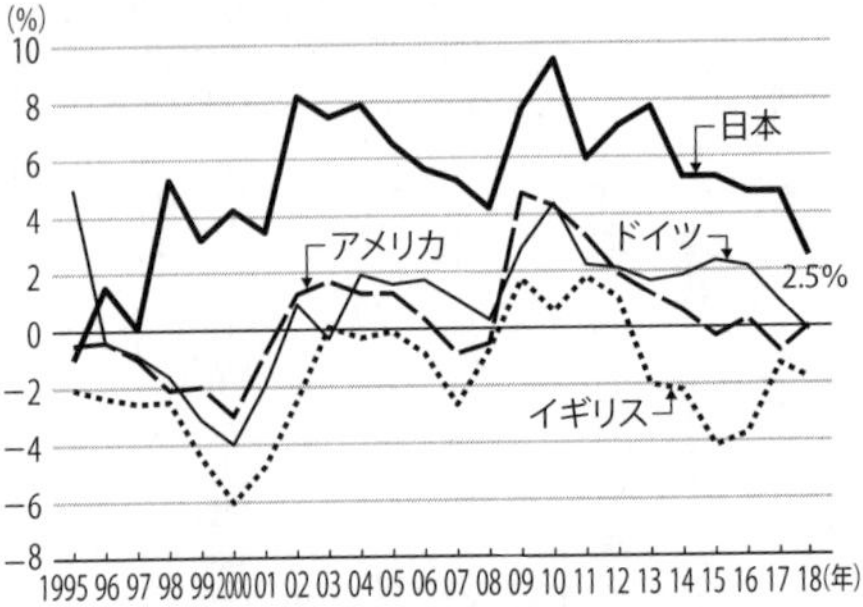

資料：経済産業省「第１回　産業構造審議会　経済産業政策新機軸部会　論点資料」
備考：資金余剰＝(国民経済計算上の企業部門の貯蓄－投資)÷GDP。

図21　企業の営業利益に対する設備投資額の比率（日米比較、2011年＝100で指数化）

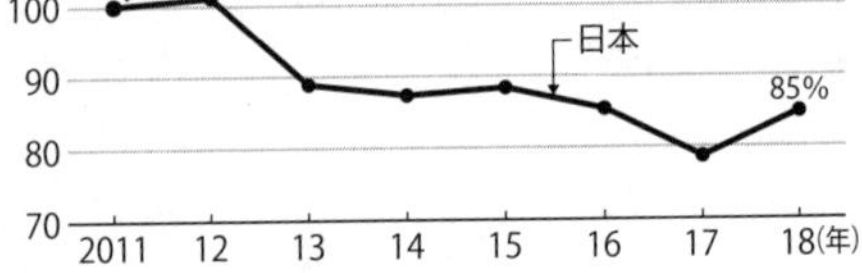

資料：経済産業省「第１回　産業構造審議会　経済産業政策新機軸部会　論点資料」
備考：日本は年度、米国は暦年。

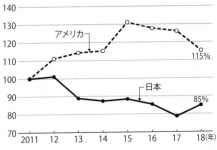

図22　研究開発費総額の推移

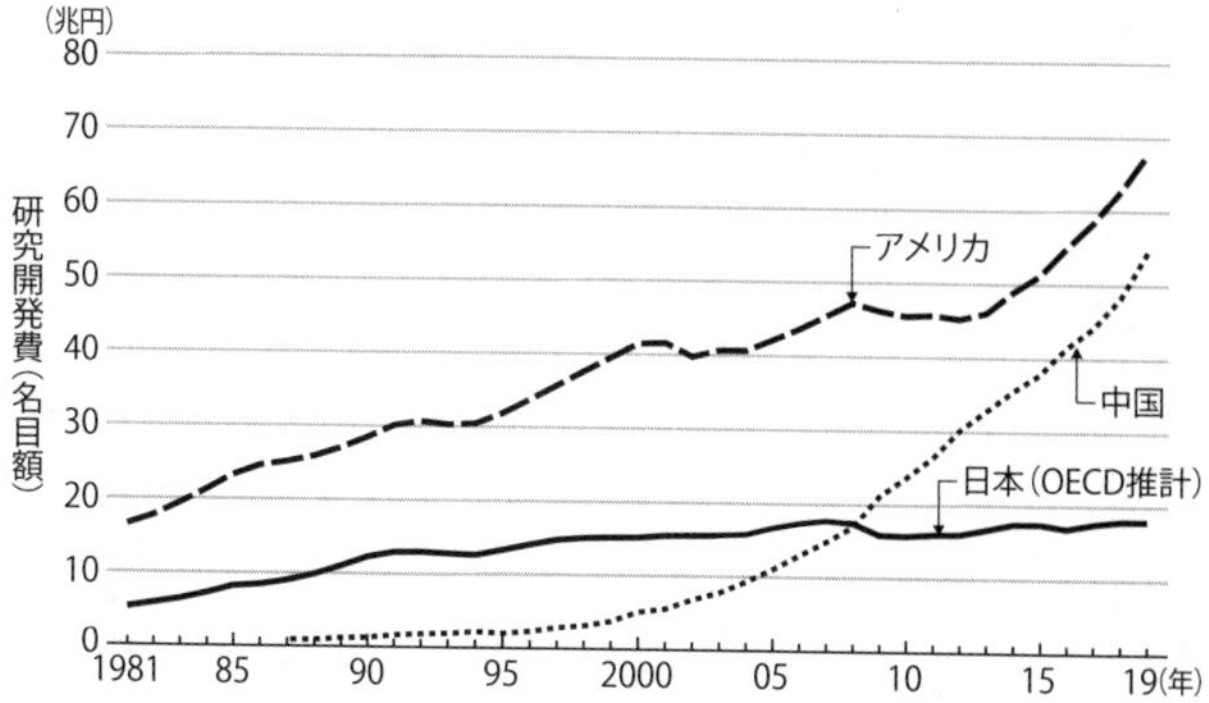

資料：科学技術・学術政策研究所「科学技術指標2021」
備考：OECD 購買力平価換算。

なぜ日本企業は利益剰余金を貯め込むのか

日本企業の吝嗇ぶりを示す数字はまだあります。

新たな技術を実用化して新製品・新サービスを開発したり、既存の製品やサービスに改良を加えたりするための研究開発費です。

図22のグラフは日本とアメリカ、中国の研究開発費の推移です。

日本のOECD推計による研究開発費の総額は２０１９年で18兆円と、１９９０年代半ばから微増の水準です。これに対してアメリカの同年の研究開発費は68兆円に達し、１９９０年代半ばから倍増しています。

２００９年に日本を上回った中国も右肩上がりを続けています。２０１９年は前年比12・8

%増の54兆5000億円となり、1990年代半ばの10倍以上に増大しました。

この結果、日本とアメリカ・中国の研究開発費の格差は拡大する一方で、両国の背中ははるか遠くになろうとしています（「科学技術・学術政策研究所」のサイト「科学技術指標2021」より）。

これまでに何度も触れたようにインターネットやデジタル技術はモノづくりや販売手法を一変させました。ChatGPTのような自然な文章を生成するAI（人工知能）の登場によって、変化は今後ますます加速し、拡大するでしょう。

インターネットや生成AIだけではありません。世界では日々、新たな技術の種子が生まれ、企業は実用化に向けた用途開発や普及のためのコストダウンにしのぎを削っています。技術進歩の速度が増し、当初は独創的だと称賛された製品が当たり前になったり、ライバル企業がより魅力的な製品を開発したりするまでの期間はいっそう短くなっています。

そんな厳しい経営環境で企業が競争力を維持するためには、研究開発によってより魅力的な製品を継続的に生み出し、消費者や社会から必要とされ続けなければなりません。それなのに日本企業は研究開発費もまた出し惜しみしているのです。

もう一度、問いましょう。日本企業、とりわけ余剰資金の豊富な大企業はなぜ人にも物にも技術にもお金を使わなくなってしまったのでしょうか。

私は1990年代半ば以降、大企業の経営陣に、経費削減に熱心で、出《い》ずるを制するのに長けたコストカッターが増えたからだと考えています。

一般的に経営環境が悪化し業績が低迷すると、企業では節約や管理に長けた小役人タイプのコストカッターがあらゆる部門、あらゆる階層で発言力を増し、逆に新規事業を起ち上げるのが得意な起業家タイプや、画期的な新商品を開発するイノベーターの存在感が薄くなりがちです。

そうした傾向が、バブル崩壊と金融危機以降、多くの大企業で強まったと私は見ています。

金融危機以降増加したコストカッター〟経営者

金融危機が起きた1997年、私は他の部署から『日経ビジネス』編集部に復帰し、「新社長登場」などいくつかの連載コラムのデスク業務を担当しました。

「新社長登場」という連載は標題通り、就任したばかりの大企業の新社長に記者がインタビューして、社内で頭角を現したきっかけや、社長として重視する経営課題などについて紹介するコラムです。記事の書き直しを記者に指示したり、読みやすくするために赤字を入れたりするのがデスクとしての私の仕事でした。

その時、強く感じたのは「思い切った人員削減や経費節減で頭角を現し、コストダウンを最優先の経営課題に掲げる新社長が増えたな」という印象でした。

「新社長登場」は私が若手時代の1980年代にはすでにあるコラムでした。1980年代には多くの新社長が新規事業の立ち上げや新製品開発、海外市場の開拓で頭角を現し、優先課題として多角化を掲げていた記憶があったのです。

そこで本章を執筆するにあたり、私は新聞・雑誌記事データベースを検索して、「新社長登場」に登場した新社長のキャリアや掲げる課題を分析してみました。

具体的には「コスト」「経費」「構造改革」「リストラ」「合理化」「削減」という語を含む「新社長登場」の記事を抽出して、思い切った人員削減や経費節減で頭角を現したり、コストダウンを最優先の経営課題に掲げたりした新社長の数を数えてみたのです。

記憶に間違いはありませんでした。金融危機の前後から、大企業でコストカッターの経営者が増えている傾向が読み取れました。

日本の電機産業が世界随一の競争力を持ち、バブル景気の最中でもあった1987年、当時、隔週刊（2週間に1回の発行）だった『日経ビジネス』では「新社長登場」のコラムで28人の新社長を紹介しました。

その中で「コスト」という語を含む記事は電力会社の新社長を紹介した1本だけでした。「経費」「構造改革」「リストラ」「合理化」「削減」の語を含む記事は1本もありませんでした。「コスト」を含む記事にしても、「コスト意識の徹底が当面の課題としているが、『目先のことに一喜一憂する会社にしたくない』と言う」と、目先の利益を得るためにコスト削減に前のめりになってしまう経営を新社長が戒める文脈で用いられています。

これが金融危機に見舞われた1997年になると様変わりします。週刊誌となった『日経ビジネス』はこの年、「新社長登場」のコラムで48人の新社長を紹介しました。

同様に「コスト」「経費」「構造改革」「リストラ」「合理化」「削減」という語を含む「新社長登場」の記事を抽出し、人員削減や経費節減で頭角を現したり、コスト削減を優先課題に掲げたりする新社長の数を数えてみたところ、9人にのぼりました。業種は建設機械、重工業、工作機械、自動車、光学機器の各メーカーなど大手メーカーがほとんどです。

何人か紹介してみましょう。

１９９７年６月に就任した建設機械メーカーの新社長は、親会社の工場資材部に在籍した若手時代、**「米国の大手メーカーが開発した製品の品質を落とさず生産コストを引き下げるコスト管理手法『バリューエンジニアリング』をいち早く導入し、他の工場の指導にも回り」**ました。建設機械メーカーに移ってからは、**「工場を閉鎖して、別工場に一本化するリストラの旗振り役を務め」**、頭角を現しました。

同年同月に就任した重工業メーカーの新社長も**「社歴の大半を赤字部門の立て直しに費やし」**ました。彼は**「資材を安く調達するといった従来のコスト削減の方法では、過当競争による価格破壊に追いつかない。赤字を出しても給料が出るという甘えを断ち切り、会社の体質自体を改める」**と抜本的なコスト削減を経営課題に掲げました。

さらに自動車メーカーの新社長も**「開発・生産体制から徹底的に見直し、コスト削減と小型車事業の拡大を狙う」**と宣言しています。

不況が深刻化していった１９９８年にはこうした傾向がさらに強まります。人員削減や経費節減で頭角を現したり、コストダウンを優先課題に掲げたりする新社長は、この年、「新社長登場」で紹介した50人中、10人にのぼります。業種も鉄鋼や素材などのメーカーから製薬、不動産、エアラインなどへと広がっていきました。

こちらも何人か紹介してみましょう。

1998年4月に就任した鉄鋼メーカーの新社長は「合理化の徹底」を最優先の経営課題に掲げました。1兆4000億円を超える有利子負債の圧縮などに手をつける時期が来たと見て、**「期間損益を黒字にするためのコスト削減から、財務体質の強化のためのリストラに着手する」**と宣言しています。

同年6月、前経営陣による抜擢で就任した不動産会社の新社長は、1970年代半ばに千葉市内の住宅開発を担当したとき、家の各部をあらかじめ作り、それらを現場で組み合わせるユニット工法で建設コストを削り、社内で注目されました。**「有効活用できない資産は、バランスシートから切り離す」**とリストラを課題に掲げました。

製薬会社の新社長は、**「1993年に赤字の化成品部門に乗り込み、前任者が手を着け**

られなかった工場の人員を削減して、わずか1年半で黒字転換を果たした」ことで頭角を現しました。従業員数の削減を重要な経営課題だととらえ、「**4700人の従業員を、3年後の2001年には4300人に減らす**」目標を掲げました。

もちろん放漫経営を改めるためのコストダウンは大切です。浪費を押し止めるのは経営陣の重要な仕事の一つでしょう。

しかし経営者の役割は有用な支出まで抑えてひたすら節約し、お金を蓄えることではありません。お金を有効に使い、企業価値を高め、社員や株主などに報い、経済を活性化して社会を豊かにする——これこそが本来求められるべき経営でしょう。経営者はそのために短期的な利益のみならず、中長期的な観点から有用な投資と無駄な浪費をきちんと峻別しなければなりません。

残念ながら、金融危機以降、少なからぬ大企業の経営者たちは教育・研修費や研究開発費、設備投資という有用どころか不可欠な支出まで削減してしまいました。そして第1章でも指摘した通り、コストダウンを自己目的化し、恒常的かつ長期化な経営目標に位置づけました。

その結果、社員のやる気はますます失われていったのです。

【本章のまとめ】

◆日本企業の教育・研修費の割合はアメリカ企業の20分の1

◆英・独の企業と比べても10分の1、しかも年々減っている

◆設備投資、研究開発費も欧米企業に比べると見劣りする

◆人を育てず、モノにも技術にも投資しない日本企業の競争力は失われ、人への投資がさらに細る悪循環に陥ってしまった

第4章

「無駄な仕事」のまん延と、自主性・成長機会を奪う「マイクロマネジメント」

「無意味な仕事」「どうでもいい仕事」のまん延

初めに独自アンケート[*1]の結果を紹介しましょう。社員のやる気をくじくような「無意味な仕事」「どうでもいい仕事」がどこまで日本企業にまん延しているのか、全国に住む20歳以上、49歳以下の会社員150人を対象にインターネットを使って調べた結果です。

図23　過半数の会社員が「無駄に思える仕事はある」

Q1：あなたの会社・職場には「無駄に思える仕事」「意味の無い仕事」がありますか？

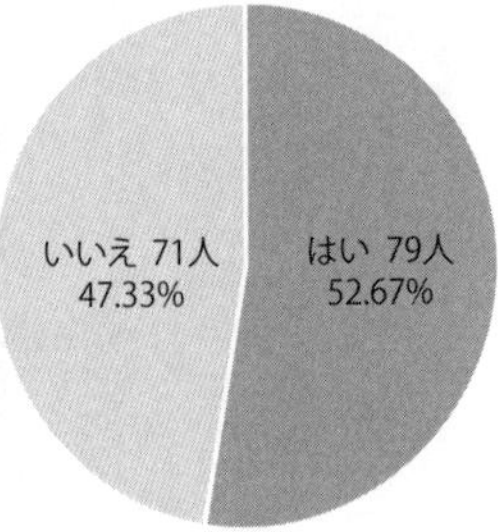

結論を言えば、「無意味な仕事」「どうでもいい仕事」のまん延ぶりは想像以上でした。

まず「あなたの会社・職場には『無駄に思える仕事』『意味のない仕事』がありますか？」と質問したところ、「はい」と回答した人は79人で52・67％に達しました。過半数の会社員が「無意味な仕事」「どうでもいい仕事」があると答えているのです。

それらはどんな仕事なのでしょうか。

「あなたの会社・職場には『無駄に思える仕事』『意味の無い仕事』がありますか？」という質問に「はい」と答えた人たちに複数回答で聞いたところ、以下の結果になりました。

図24 無駄な会議、書類提出が上位に

Q2：それはどんな仕事ですか？（問1で「無駄に思える仕事」「意味の無い仕事」が「ある」と答えた人が対象、複数回答）

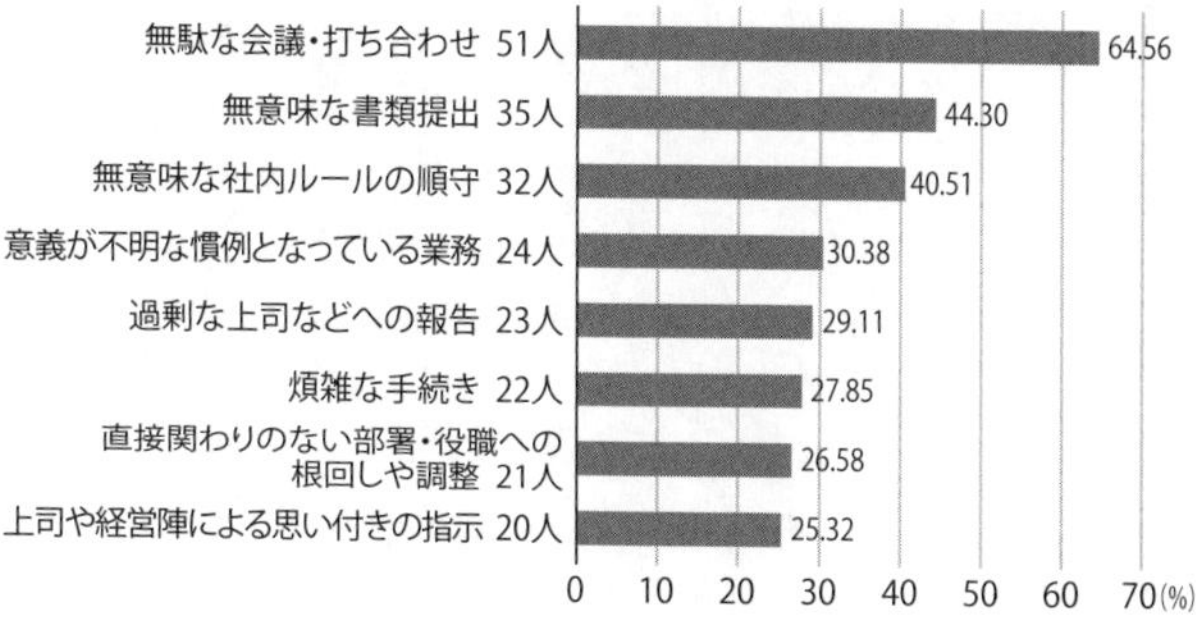

「無駄な会議・打ち合わせ」51人、64・56％
「無意味な書類提出」35人、44・30％
「無意味な社内ルールの順守」32人、40・51％
「意義が不明な慣例となっている業務」24人、30・38％
「過剰な上司などへの報告」23人、29・11％
「煩雑な手続き」22人、27・85％
「直接関わりのない部署・役職への根回しや調整」21人、26・58％
「上司や経営陣による思い付きの指示」20人、25・32％

これらの項目を見て、「うちの会社にもあるな」と思い当たった読者は少なくないと思います。

私自身、40年近い企業への取材経験を通して、右記のような事例を数多く見聞きしてきました。そもそも右記の無駄な仕事の内容は私がかつて取材した事例をもとにアンケートの選択肢として並べたものです。

相談・確認すべきことがあいまいな会議

「無駄な会議・打ち合わせ」で言えば、中堅の専門商社で部長を務める社員の証言を思い出します。彼は毎週、5件ほどの会議に出席し、そのほとんどがダラダラ続く無駄な報告会だと苦笑していたのです。

彼は言いました。

「なかには2時間近くかかる会議もあるんです。そこでは出席者各自が担当するプロジェクトの進捗報告を行い、その場で質問や意見をやりとりするのですが、会議で決めることや相談・確認すべきことがあいまいで、いったい何のために開いているのか実はよくわかりません。おそらく担当役員が、所管するプロジェクトの進捗状況を知って安心したいだけなんだろうと思います。我々にとっては長時間会議が負担となり、本来の仕事に集中できなくさせてしまう非効率の根源でしかありません」

「会議での報告内容を検討する会議」という無駄

大手出版社の営業担当者が「毎週、会議でどのように報告するかを検討するための会議を開いている」と打ち明けてくれたこともありました。冗談みたいな話ですが、検討会議を毎週開催する上司は大真面目で、数人の部下たちと時にダメ出しを交えながら会議での報告内容をすり合わせるのだそうです。

費やされる時間は毎回およそ1時間だそうですから、仮に5人が参加すれば毎週5時間もの貴重な時間が奪われてしまう計算になります。それらの時間を本来の仕事に振り向ければ労働生産性は確実に上がるはずですが……。

「無意味な書類提出」「無意味な社内ルールの順守」「意義が不明な慣例となっている業務」などの項目にぴんと来た読者もいらっしゃるでしょう。

「毎日、営業日報を提出させられる。何のためなのかわからない」（機械部品メーカーの営業担当者）

「研修を受けたらその都度、学びや気づきについて記したレポートを提出させられる。忙しいので、そんなことに割く時間が本当にもったいないと思う」（中堅流通業の若手社員）

図25　20代では過半数が「無駄な仕事をやらされている」

Q３：あなたは「無駄・無意味な仕事」をやらされていますか？

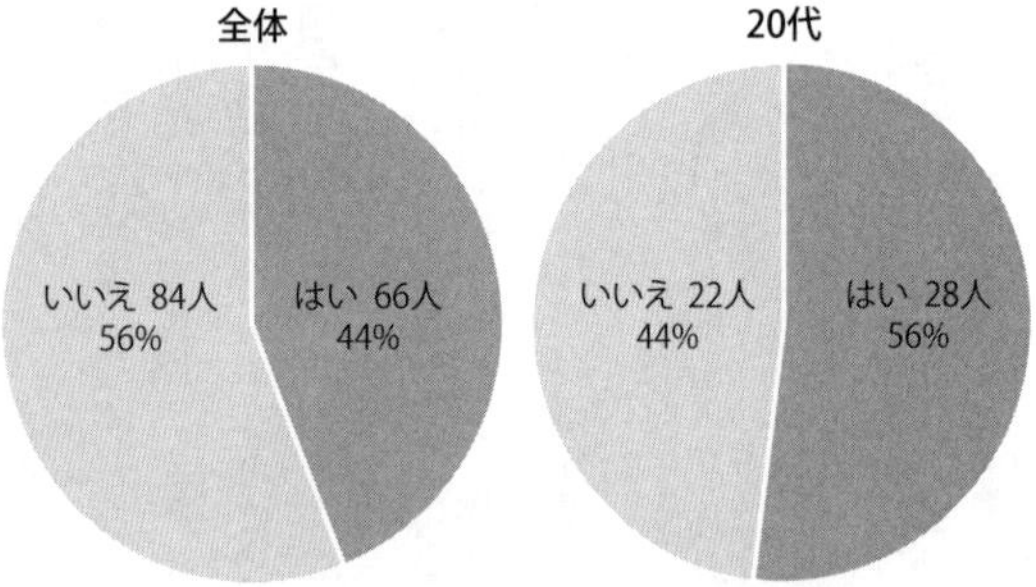

「管理部門が送りつけてくる『特集などの編集に使用した資料はいつまで保管しているのか』といったどうでもいいようなアンケートに毎週のように答えさせられ、肝心の雑誌編集に投入したい時間を奪われてしまう」（大手出版社の雑誌編集長）

「訪問先への直行、訪問先からの直帰は禁止、いったん出社・帰社しなければならないルールですが、正直、意味がわからない」（中堅の専門商社の営業担当者）

これらはすべて私の取材ノートからの抜粋です。

「誰のためにもならない仕事」がやる気も幸福感も奪う

アンケートでは「あなたは『無駄・無意味な仕事』をやらされていますか？」とも尋ねてみました。結果は「はい」が66人で44％でした。5人に2人以上が「無駄・無意味な仕事」をやらされていると考えているのです。

しかも20代の若手会社員に限ってみると、56%と割合は高くなります。無駄・無意味な仕事は発言力に乏しい若手社員に押し付けられがちであるという実情がわかります。

図26 「無駄な仕事」1日1時間〜2時間が5割弱

Q4：あなたは「無駄・無意味な仕事」に、1日のうち何時間程度を費やさせられていると感じていますか？

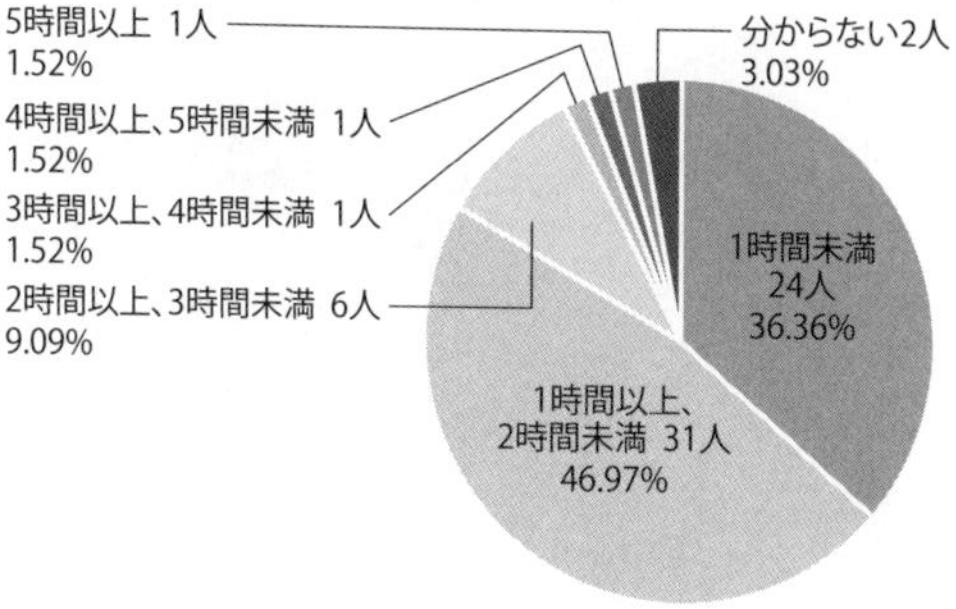

さらに懸念されるのは、「無駄・無意味な仕事」に費やされる時間の長さです。「無駄・無意味な仕事」をやらされていると考える66人に、「あなたは『無駄・無意味な仕事』に、1日のうち何時間程度を費やさせられていると感じていますか？」と聞いたところ、回答は以下のとおりでした。

「1時間未満」　24人、36・36%
「1時間以上、2時間未満」　31人、46・97%
「2時間以上、3時間未満」　6人、9・09%
「3時間以上、4時間未満」　1人、1・52%
「4時間以上、5時間未満」　1人、1・52%
「5時間以上」　1人、1・52%

「わからない」　2人、3・03%

図27　無駄な仕事「改善されない」は6割近く

Q5：今後この問題は改善されると思いますか？
（問3で「無駄・無意味な仕事」を「やらされている」と答えた人が対象）

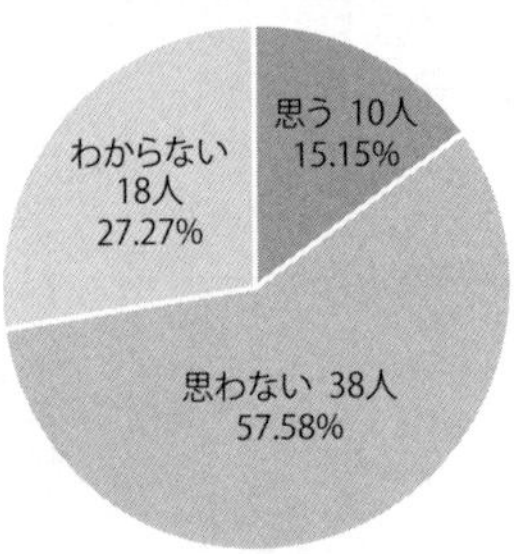

回答数が最も多かったのは「1時間以上、2時間未満」で31人、46・97%にのぼりました。1日に8時間働くとして、最大でその4分の1の仕事を「無駄・無意味」だと感じている社員が半数近くにのぼるのです。

深刻なのはそれだけではありません。「無駄・無意味な仕事」をやらされていると考える66人に「今後この問題は改善されると思いますか？」と尋ねたところ、「思わない」が38人で、57・58%に達しました。6割近くがこれからも「無駄・無意味な仕事」をやらされ続けるだろうと回答したのです。

一方、「今後この問題は改善されると思いますか？」との質問に対して「はい」と答えた人は10人で、15・15%に過ぎませんでした。

経営陣や上司は、社員が「無駄・無意味だ」と思っている仕事を、必要で意味がある仕事だと考えているのでしょうか。それとも「無駄・無意味だ」とは考えていても、「これまでやってきたから」などの理由で続けているのでしょうか。いずれにしても改善される予感を抱いている社員は少数派です。

無駄で無意味な仕事のまん延がどれほど社員のやる気を失わせているのか、想像に難くありません。

無駄で無意味な仕事は、つまるところ誰のためにもならない仕事です。本人の成長にも、会社の業績向上にもつながらず、顧客や消費者に利益をもたらすわけでもありません。やらされる社員にとっては苦役に等しい仕事であり、納得感のかけらも得られません。そんな仕事を前向きにこなせる社員はきっとどこにもいないでしょう。

それどころか無駄で無意味な仕事を毎日毎日、1時間から2時間も押し付けられていたら、だれだって意欲を蝕まれ、やる気を失っていきます。

加えて無駄で無意味な仕事は、本来やるべき仕事の能率を著しく下げ、成果を損ないます。成果が上がらなければ、人件費の削減を目的とする「成果主義賃金制度」によって、賃金を据え置かれるか、減らされてしまうでしょう。そうなればやる気はいっそうくじかれてしまいます。

さらに言えば、無駄で無意味な仕事が常態化している会社や職場では、日々の仕事に幸福や楽しさを感じることもないでしょう。

これもまた日本企業の活力を削ぎ、社員のやる気を失わせる一因になっています。

幸福度の高いチームの売り上げは3倍

本書の「はじめに」で少し触れたように、ここ数年の実証研究によって、職場で社員が感じる幸福度は、仕事の能率や成果と密接に関係することがわかってきています。

7社・10組織・468人の従業員の延べ5000日分のデータを計測し、社員の幸福度と生産性の相関を分析した日立製作所グループの調査はその代表事例の一つだと言えるでしょう。

調査によれば、社員たちの幸福度が高いほど仕事の能率や成果は上がりました。例えば二つのコールセンターを比較したところ、幸福度が高いコールセンターは低いコールセンターに比べて日ごとの受注率が34%も高いという結果が出ました。

また幸福度の高い研究開発チームは低い研究開発チームに比べて、5年後の売り上げが約3倍も大きい事実も確認したといいます。

ちなみに社員の幸福度の測定方法は以下の通りでした。社員の胸にウェアラブル（身に付けられるの意）センサーを付け、席に座ったり同僚と話したり、軽くうなずいたりといった体の動きや揺れを計測する一方で、社員が幸せを感じているかどうかを聞き取り調査して、両者を突き合わせました。

その結果、社員の動きにばらつきがあるほど、つまりそれぞれが思い思いの動きをしているほど、社員の幸福度が高いとわかったのです。

同様の調査はアメリカにもあります。「はじめに」で紹介したイリノイ大学のエド・ディーナー名誉教授らの研究です。それによれば幸福度の高い社員はそうでない人と比べて、創造性については3倍、生産性や売り上げについてもそれぞれ3割強、4割弱高い事実を明らかにしました。また幸福度が高い社員は欠勤率や離職率が低い傾向も確かめられています。

グーグルは社員の幸福度を高める役職を新設

こうした研究を踏まえ、アメリカでは社員の幸福度を測るEH（Employee Happiness）と呼ぶ指標が開発されていることも「はじめに」で触れました。

EHは社員が感じている幸福度を数値化し、見える化したモノサシで、社員へのアンケートや聞き取りを行ったり、先ほど紹介した日立製作所の調査のようにウェアラブルセンサーを使って社員の行動を計測したりして、幸福度を算出し、点数化します。

アメリカでは今、ＥＨの向上をマネジメント（経営・管理）の中心課題の一つに据える動きがシリコンバレーのハイテク企業を中心に広がっています。中にはグーグルのように、社員の幸福度を高めるための専任の役職であるＣＨＯ（Chief Happiness Officer）を設ける企業も出てきました。日本語に訳せば「最高幸福責任者」ですね。

ちなみにアメリカ企業には、待遇や職場環境への社員の満足度を数値化したＥＳ（Employee Satisfaction）と呼ぶ指標もあります。こちらは賃金や労働時間、福利厚生など、目に見える客観的な労働条件への満足度を算出・点数化したモノサシです。

ＥＨはこれとは異なり、あくまで社員の主観的な幸福度を測るモノサシです。したがって賃金や労働時間、福利厚生などの労働条件に加え、そしてそれら以上に、「仕事へのやりがい」や「自主性を尊重してくれているという思い」「会社から必要とされているという確信」といった社員の内面的な思考、感情に左右されます。

それだけに経営者や上司には、社員のやる気や組織への帰属・忠誠心を高めるキメ細かい、かつ想像力に富んだマネジメントが求められます。

ＥＨの活用やＣＨＯの新設などのアメリカ企業の取り組みは、データを駆使して社員の思考・感情への理解を深め、科学的な知見も活用しつつ社員の労働生産性をいっそう高めようとする最新の動きだと言えるでしょう。

これに対して残念ながら、多くの日本企業ではこれまで社員の幸福度などあまり考慮されてきませんでした。誰のためにもならない無駄で無意味な仕事のまん延はその帰結です。日々の仕事に幸福度を感じられない日本企業では仕事の能率や成果は上がりません。ましてやモノやサービスでの国際競争に勝つための独創的なアイデアや魅力的なデザインを生み出せと言っても無理な話でしょう。

無駄な仕事を増やすマイクロマネジメント

ではなぜ社員のやる気をくじくような「無意味な仕事」「どうでもいい仕事」がここまで日本企業にまん延してしまったのでしょうか。なぜかくも改善の兆しが見えないのでしょうか。

この問いについても、結論を先に言いましょう。

原因はマネジメントに問題があるからです。

「無意味な仕事」「どうでもいい仕事」のまん延は、経営陣や上司の属人的な欠陥や無能ぶりに起因するのではなく、誤ったマネジメントに深く根差しているのです。

では誤ったマネジメントとは何でしょうか。

それは経営陣や上司が、社員に対してやることなすことに報告を求め、細かい指示を出す、過剰な社員管理です。

マイクロマネジメントとも言います。

大企業を中心に、多くの日本企業ではこれが組織的に行われているので、社員は些末な仕事の予定調和的な実行を指図され、行動を監視され、上司への確認や報告に忙殺されているのです。

私の取材ノートにはマイクロマネジメントの事例もいくつか記されています。

消費財メーカーに勤める30代の社員は、商品の販促イベントを企画・展開するプロジェクトに加わった際、プロジェクトリーダーがことあるごとに上司から報告を求められ、企画についてダメ出しされたり、「こうしろ」「ああしろ」と細かく指示されたりするのをはたで見ていて暗い気持ちになったと話してくれました。

「プロジェクトリーダーは毎日のように部長に報告を求められ、会議室で1時間ほど部長との面談の時間を費やさせられていました。面談が終わるとプロジェクトリーダーは私たちを集めて、例えば『イベントを告知するチラシやポスターの文字色の赤みを少し強めろと言われた』などと部長の指示を伝達するんです。何のためのプロジェクトリーダーなのかわかりません。任せられないのなら、部長がすべて仕切ればいいと思うんですが、具体的な作業はあくまでプロジェクトリーダーにやらせるんですよね」

先ほど、「毎週、会議でどのように報告するかを検討するための会議を開いている」という大手出版社の事例を紹介しました。話をしてくれた営業担当者はさらに、地方へ出張する際には訪問先や目的、交渉内容などについて営業担当役員に報告し、追加の訪問先や交渉内容などについて指示を受けると教えてくれました。

「子どものお使いのような話でしょう？　でもそれで終わりではないんです。出張から戻ったら訪問先や交渉の内容、結果について営業担当役員に報告しなければならないんです。箸の上げ下ろしまで指示されていると仕事の流れが遅くなるだけでなく、仕事自体がだんだん嫌になってきますね」

自主性、成長の機会を永遠に奪われる社員たち

営業担当者が言うようにマイクロマネジメントは無駄で無意味な仕事を増やし、本来やるべき仕事の能率を下げ、社員のやる気を蝕んでいきます。

マイクロマネジメントの弊害はそれだけではありません。

社員の行動を監視し、箸の上げ下ろしにまで指示を出すような過剰な管理は、社員の自主性を損ない、受け身にしてしまいます。

上司から細かく指示を出され、干渉されていると、部下はどうしても上司の顔色を窺いながら仕事をするようになります。それどころかやがて自分で考えることをやめて、上司の指示を待つようになってしまいます。

自分たちからはアイデアを出さない、動こうとしない、言われたことしかやらない、やるべきことがわかっていても指示を待つ。そんな自主性、主体性を欠いた指示待ち族の誕生です。

加えて上司の指示通りに仕事をしていると、大きな失敗を避けられるかもしれませんが、成功体験も得られないので、成長の機会を奪われてしまいます。

第1章で、「1990年代半ば以降、製品やシステムの競争力の決め手は、品質や耐久性から独創的な機能や魅力的なデザイン、効果的なブランディングへと移っていった」と言いました。「独創的な機能や魅力的なデザイン、効果的なブランディングは社員が仕事を面白がり、自発的かつ創造的に取り組むやる気が不可欠だ」とも言いました。

自主性、主体性を欠いた指示待ち族は、独創的な機能や魅力的なデザイン、効果的なブランディングを生み出す社員とは正反対の存在です。指示待ち族の増加は日本企業の国際競争力をさらに損なってしまうでしょう。

この指摘に対して「経営陣や上司の指示が正しければ、指示待ち族でも独創的な機能や魅力的なデザイン、効果的なブランディングを打ち出せるのではないか」と思われた方もいらっしゃるかもしれません。

経営陣や上司は、管理のための管理で日々忙しく、常日ごろから顧客や消費者に接しているわけではありません。彼らが顧客や消費者に接していたのは昔の話です。彼らが知っている顧客や消費者のニーズは過去のものです。

このため彼らの指示は、今の顧客や消費者のニーズとずれてしまいがちです。

やる気と能力のある社員はそんな指示を出す経営陣や上司に反発するでしょう。しかし反発しているうちはまだましです。やがて反発する気力も薄れ、経営陣や上司の的外れな指示に唯々諾々と従い、当然の帰結として成果が上がらなくなってしまう。そんな事例は枚挙に暇がありません。

上司の過干渉が時代遅れの2番手戦略を生む

ヒット商品が生まれると、他社から類似の追随商品が次々に発売されて過当競争を招き、市場を早々に飽和させてしまうという日本企業にありがちな行動の背景にも、マイクロマネジメントがあります。

２０２１年から２０２３年にかけて、炊いたご飯の糖質をカットできるという電気炊飯器が各社から次々に発売され、話題になりました。市場の火付け役となったのは東京にあるスタートアップ（新興ベンチャー）企業で、「最大45％カット」とうたった糖質低減率が健康志向を強める消費者の需要をとらえました。

これがいわば呼び水となって、糖質カット炊飯器を追随して発売する企業が相次ぎました。総合家電メーカーや中堅の家電メーカーだけでなく、家具・インテリア大手企業もプライベートブランドの糖質カット炊飯器を発売しました。今では大手家電量販店の売り場には、10社を超える企業の製品が陳列されています。

参入企業が増えるのにつれて、糖質カット炊飯器の競争が激しくなっていったのは言うまでもありません。糖質カット炊飯器は日本企業が久々に開発した「付加価値の高い」つまり「ある程度値段が高くても買ってもらえる」家電製品でしたが、日を追うごとに価格競争が激しくなり、ネット通販では「期間限定・半額セール」といった安値キャンペーンがしばしば開催されるようになっていきました。

追随商品の開発は、経営者や上司の指示で始まった事例が少なくなかったはずです。指示を出した経営者や上司はスタートアップ企業の成功を見て、参入を決断したのに違いありません。

かつてはこのような「2番手戦略」にはたしかに一定の合理性がありました。自社製品を扱ってくれる店舗を数多く確保し、販売力に自信がある企業にとっては、失敗するリスクを抑え、一定の売上高・利益を得る勝ちパターンの一つでした。

しかしネット通販が普及した今は、自社製品を扱ってくれる店舗の数は、以前のように販売力を左右する決定的な要因ではなくなっています。

加えて価格コムのようなさまざまな商品の価格を比較するサイトのおかげで、消費者は同じような機能の製品の中から「最も費用対効果が高い」つまり「割安」な製品をいとも簡単に選べるようになりました。

その分、価格競争も激しくなりがちです。かつてとは異なり、「2番手戦略」は値崩れのリスクを伴う企業行動なのです。

さらに重大な問題として、「2番手戦略」には社員のやる気を蝕みかねないリスクもあります。

追随商品の開発は社員にとってやりがいのある仕事でしょうか。私にはどうしてもそうは思えません。とりわけ優秀な社員にとっては、独創的な機能や魅力的なデザイン、効果的なブランディングの実現に挑む方がずっと意義深く、刺激的に思えるはずです。社員のEH（Employee Happiness）も高まるでしょう。

独創的な機能や魅力的なデザイン、効果的なブランディングの実現に挑み、社員のEHを高める企業、社員が経営陣や上司の的外れな指示に唯々諾々と従わざるを得ない企業、5年、10年という期間で見たとき、どちらに軍配が上がるかは誰の目にも明らかではないでしょうか。

それはそうと、糖質カット炊飯器について、本稿の執筆に取り掛かろうとしている折に新たなニュースが飛び込んできました。

消費生活に関する情報を収集し、消費者被害を未然に防止するための啓発活動などを行う独立行政法人（行政機関に準ずる機関）の国民生活センターは2023年3月、「糖質カット炊飯器の性能を調査した結果、販売会社の広告宣伝内容と実際の性能に乖離が認められた」と発表したのです。

「家電量販店やネット通販で販売している6社の製品を対象に調査したところ、ホームページなどで糖質低減率を表示している5社の製品のうち、4社の製品の数値が表示していた糖質低減率に届かなかった」とのことでした。

国民生活センターによれば、糖質カット炊飯器の多くは、通常の炊飯器より水を多量に加えて炊飯の途中で米をすすぎ、糖質を溶かし出す仕組みを取り入れているとのことです。同センターが6社の製品を使い炊飯したところ、糖質カットのご飯は通常の炊飯と比べて水分が1割から2割ほど多くなり、その分、糖質の割合はたしかに低下していました。

しかし同じ量の米を炊飯したテストでは、炊きあがったご飯は、糖質カットのご飯の方が1割から3割ほど重かったものの、中に含まれる糖質の総量には通常のご飯と比べて大きな差がみられなかったとのことです。

炊く前の米が同量だったご飯を食べた場合、糖質カット炊飯器で炊いても、通常の炊飯器で炊いても、摂取した糖質の量には大差がないというのです。

この調査を踏まえて、国民生活センターは、メーカーがうたう糖質カットの表示について、「健康保持増進などに効果があると受けとれる記載があり、消費者の誤認を招いたり、景品表示法上問題となったりする恐れがある」と指摘しています。

これに対して、テストに使われた製品を発売する企業は、「国民生活センターの検査時の米の品種および炊飯合数が当社の試験とは異なる」「糖質の低減比較は炊飯後に同重量を比較した数値である」「糖質低減率については、外部機関で検証テストを行っており、表記内容は当社で複数回の炊飯テストを行ったうえでの最大低減率を明記している」といった趣旨の声明を出し、国民生活センターの指摘に反論しています。

あなたの会社の「マイクロマネジメント度」チェック

私は、各社とも消費者に誤解を与える意図などまったく無かっただろうと思います。どの企業も真摯な姿勢で糖質低減率の実験を行い、表示したのだと信じます。

ただ私が残念に思うのは4社もの企業が「表示していた糖質低減率に届かなかった」と国民生活センターから〝同じように〟指摘されてしまった点です。

「2番手戦略」を打ち出すにしても、各社が各様に独自技術を追求し、既存製品を上回る糖質低減率を実現するなど、違いを明確に打ち出してほしかったと思います。

あの初代ウォークマンやファミリーコンピュータのような画期的・革新的な商品を生み出したかつての日本企業のように、独創性を大切にしてほしいと切に望むのです。

話をマイクロマネジメントに戻しましょう。

以下に、あなたの会社がどこまでマイクロマネジメントに染まってしまっているかを判断するためのチェック項目を記しました。いくつ該当するかご確認いただければと思います。

・プロジェクトや仕事の内容、進め方について細かく指示される
・プロジェクトや仕事の進捗状況を頻繁に報告しなければならない
・毎日、業務報告をしなければならない
・会議での発表や発言について、事前にチェックされたり、会議後にダメ出しされたりする
・提出書類の内容を事前にチェックされたり、書類の形式に細かなルールがあったりする
・小さなミスでも詳細な報告を求められる

以上の項目が一つでも該当すれば、あなたの会社ではマイクロマネジメントが行われていると言ってよいでしょう。すべて該当したならば、あらゆる部署、あらゆる業務にマイクロマネジメントが浸透してしまっていると言えます。

ではなぜ多くの日本企業に、経営陣や上司が社員に対してやることなすことに報告を求め細かい指示を出す過剰な管理が広がってしまったのでしょうか。

原因はいくつもあります。複数の要因が絡み合い、マイクロマネジメントははびこってしまったのです。順番に説明していきましょう。

①部下を信じられない――社員への不信感

マイクロマネジメントの根幹にあるのは、経営陣や上司の社員・部下に対する不信感です。

本書の第1章で見たように、1990年代半ば以降、多くの日本企業は社員を業績に貢献してくれる人材つまり資産ではなくお金のかかるコストだと見なし、目先の利益のために人件費を削減し続け、やがてそれが自己目的化していきました。

どんなに頑張っても〝似非〟「成果主義賃金制度」によって給料はなかなか上がらず、それどころか時に賃下げされてしまう処遇によって、社員のやる気は失われていきました。

経営者や上司はそんな社員に対して、「仕事の裁量を広げ、自主的な判断に任せたら、成果を上げるどころか仕事の手を抜いてしまいかねない」と不信感を抱くようになり、社員を過剰に管理し、細かく指示を出すマイクロマネジメントが広がり始めました。

その結果は、これまで見てきたように、社員のやる気や自主性、創造性がさらに失われ、経営者や上司がいっそう不信感を募らせてマイクロマネジメントを強化するという悪循環です。

②部下の好きにさせたら自身の評価が下がりかねない――上司の不安

部下を信じられない上司の胸中にあるのは不安です。

「部下の自主性を尊重したら、仕事の手を抜いてしまいかねない。そうなったら部署として成果を出せず、自身の評価が下がってしまう」

そんな思いにいつも搦《から》め捕られています。

それゆえに「評価が下がらないように、自身の責任範囲で部下に細かい指示を出し、仕事の進捗について頻繁に報告させよう」という保身の意識を抱きがちです。

しかも、なお悪いことに、多くの日本企業では、上司である管理職はマネジメントの専門家ではありません。１９９０年代半ば以降、給料をほとんど上げてこなかった日本企業では、現場で成果を上げ、社業に貢献した社員に対して管理職への昇進で報いてきました。

現場で成果を上げた社員が管理職として優秀だとは限りません。現場の社員と管理職とでは求められる役割や能力、経験が大きく異なるからです。

にもかかわらず人材育成コストも削減してきた日本企業では、プロの管理職を育成するための教育・研修が十分に行われてきませんでした。

この結果、多くの日本企業で管理職としての専門能力や経験に乏しく、自信にも欠けた上司が量産されました。そんな上司は強い不安に駆られがちです。

加えて2000年以降、日本企業にはハラスメント防止やコンプライアンス（法令遵守）など守るべき社内規則が次々に導入され、管理職が気を配らなければならない事項が増えました。ハラスメントやコンプライアンス違反などの不祥事が起これば管理職の責任になります。

これもまた自身を守らなければならないという保身の意識を強め、マイクロマネジメントへと駆り立てています。

付け加えれば、①と②の原因からわかるように、マイクロマネジメントは部下のためのマネジメントではなく、上司の安心感のために存在するマネジメントなのです。

③マイクロマネジメントの何が悪いのか——経営陣の危機意識の欠如

マイクロマネジメントのまん延、弊害に対して、多くの日本企業では経営陣に危機意識が欠けています。それどころか社員を過剰に管理し、細かく指示を出す管理職を評価する傾向さえあります。これもまたマイクロマネジメントをのさばらせる原因の一つです。

対照的なのがアメリカの大企業でしょう。多くの経営陣や管理職がマイクロマネジメントの弊害を認識し、社員のやる気を高めるマネジメントを実践しようとしています。

例えばグーグルです。同社は社内調査を行い、組織全体の能率や成果を向上させる上司像を明確にしました。その必須条件の一つが「チームを勢いづけ、マイクロマネジメントをしない」です。

参考までに、グーグルでの管理職の必須条件はほかに、「明確なビジョン(展望)と戦略を示せる」「専門知識を持った良いコーチである」「部下の良き聞き手となり、円滑なコミュニケーションを実践する」「部下のキャリア形成を支援する」などがあります。

これらの必須条件が示唆するのは、組織の進むべき道を示し、部下のやる気を引き出し、成長を助ける上司でしょう。グーグルではまさに部下のためになるマネジメントが求められているのです。

マネジメントは「管理」ではなく「誘導」

なぜ多くの日本企業では、上司が安心するためでしかないマイクロマネジメントのまん延に対して、経営陣は危機意識を抱くどころか歓迎する姿勢さえ示しているのでしょうか。

私は、少なからぬ企業の経営者がマネジメントの本来の意味をはき違えているからではないかと疑っています。

マネジメント（management）の意味について、欧米人と日本人とでは受け止め方に微妙な差異があると私は見ています。

マネジメントの語源は、ラテン語で「手」を意味する「マヌス（manus）」だと言われます。「マヌス（manus）」は中世には「（馬の）手綱をとること」の意味でも用いられるようになり、そこから組織やチームの「手綱をとる」意味へと広がっていきました。

つまり欧米人にとってのマネジメントとは、その本来の意味である「馬の手綱をとる」ように、「部下・組織を望む方向へと誘い、ゴールに向かって積極的に走ってくれるように仕向けること」なのです。上司がすべきマネジメントとは、部下にゴールを示し、走ろうという気にさせることなのです。その意味でマネジメントは「誘導」という日本語に近いと言えるでしょう。

一方で多くの日本企業ではマネジメントとは「管理」にほかなりません。「部下の業務をずっと監視し、細かく指示を出し、逐一報告させること」すなわちマイクロマネジメントこそ「マネジメント＝管理」であると思い込んでいる経営陣も少なくありません。

もしあなたが無駄で無意味な仕事をやらされていて、マイクロマネジメントにやる気を削がれてしまっているのなら、上司に対してマネジメントをどう理解しているのか、質問してみてもいいかもしれません。

もし「管理」だと誤解していたら、対処の選択肢は以下の通りです。

その誤解がいかに社員の意欲をくじいてしまうかを上司や経営陣に理解してもらうために努力する。

理解してもらえればそれで良し、努力してもなお理解されなければそこで転職を考える。

経営陣や上司に理解してもらおうなどと回りくどいことをせず、すぐに転職を考える。

いずれにしてもマネジメントの本来の意味を理解したあなたは、経営陣や上司をより客観的に、冷めた目で観察できるようになったはずです。

【本章のまとめ】

◆「無意味な書類提出や報告」「会議のための会議」など今も増え続ける「無駄な仕事」

◆背景には社員の裁量・自主性を縛る上司の過干渉、マイクロマネジメントがある

◆「無駄な仕事」が労働生産性を低迷させ、それがやる気を失わせる悪循環から脱却しなければ明日はない

＊1　回収日：２０２３年2月24日。回答者の居住地：全国。回答者の年齢・性別：20歳以上、49歳以下の男女。職業：会社員（正社員、契約・派遣社員など）。回答者数：１５０人（20代が50人、30代が50人、40代が50人）。アンケートはネット上でサービスを提供するアイブリッジのアンケートツール Freeasy を使用。

おわりに

いかがでしたか？　本書をここまで読まれて「うちの会社にはまったく当てはまらないな」と思われたのなら、あなたの会社選択は正しかったと言えるでしょう。逆に本書の内容が思い当たることだらけだったら、「はじめに」でも触れたように職業人生の再構築に向けて行動を準備する時かもしれません。

これも「はじめに」で指摘しましたが、すべての日本企業がコストダウンを最優先する縮み経営の罠に陥ってしまったわけではありません。大企業の中にも、もちろん中小企業にも、その危うさに気づき、やれば報われる賃金制度を構築し、人材への投資を続けてきた企業は少なからず存在します。それらの取り組みを参考にしながら経営者や上司に改善を促したり、それらの企業への転職準備を始めたりするのは合理的な選択でしょう。

さらに2023年に入り、これまでの経営を変えようという日本企業も少しずつ増えてきました。選択肢は広がりつつあります。

ファーストリテイリングの賃金改革

賃金水準の改善について言えば、ファーストリテイリングは2023年3月から国内社員の賃金を最大4割引き上げました。本社やユニクロの店舗などで働く国内約8400人を対象に、賃金を数%から最大約40%引き上げたのです。これにより新入社員の初任給は月25万5000円から30万円に、入社1〜2年目で就任する新人店長は月29万円から39万円に上がりました。

この思い切った賃金改善の理由について、ファーストリテイリングの柳井正会長兼社長は日本経済新聞の取材に応じて、「コロナ禍で世界各国の事業を統括する日本本社の社員が国内のことばかり考えるようになった」「アマゾン・ドット・コムやアルファベットなどから優秀な人材を獲得し、現状維持にとどまろうとする社員の意識や組織風土を変えたい」などと答えています（2023年1月21日付の日本経済新聞朝刊より）。

根底にあるのは、柳井会長兼社長の危機感でしょう。商品にRFID（無線自動識別）タグを装着して在庫管理を効率化するとともに、無人決済レジで対応できるようにするなど、デジタルトランスフォーメーションによる生産性向上を追求するファーストリテイリングにとって、優秀なテック人材の獲得は生産性向上に欠かせません。

しかしアメリカの巨大ＩＴ企業に比べると、ファーストリテイリングの賃金水準でさえどうしても見劣りしてしまいます。２０２２年11月に公開されたファーストリテイリングの有価証券報告書によれば、国内で働く社員の平均年収は９５９万円でした。

小売業の平均年収である３５１万円をはるかに上回り、上場企業３２１３社の２０２１年度の平均年収６０５万円（東京商工リサーチ調べ）に比べてもかなりの高水準ですが、グーグルジャパンの平均年収は、転職支援ウェブサイトを運営するOpen Workによれば２０２１年11月時点で１５４３万円でした。アメリカの本社（持ち株会社のアルファベット）社員の平均年収は推定３５００万円に達します。[*1]

これではアメリカの巨大ＩＴ企業から優秀な人材を採用するどころか、逆に巨大ＩＴ企業からの引き抜きの対象になってしまいかねません。

ファーストリテイリングの賃金改革は、国際的な人材獲得競争で劣後している日本企業にとって重要な第一歩だと言えるでしょう。

賃金水準を引き上げたのはファーストリテイリングだけではありません。２０２３年の春闘では、メーカーや保険、レジャー関連など様々な業種の大企業が、労働組合による賃上げ要求書の提出前に、２０２２年を上回る賃上げを発表し、連日のように新聞などで報じられました。

「AGC（世界トップのガラスメーカー、旧社名は旭硝子）は組合員平均で6％程度の賃上げを実施する方針を発表。『成長のための人への投資』と位置づける」

「半導体用シリコンウエハー世界2位のSUMCOは国内正社員数千人を対象に、平均6％相当の賃上げを実施する方針を発表。2005年の上場以来最大の上げ幅で、待遇改善による人材確保が狙い」

「日本生命保険は全国で働く営業職員の賃金を2023年度に平均7％程度上げる方針を発表。人材の定着率を底上げしたい考え」

「大林組は2023年の春季交渉で定期昇給を含む賃上げ率で4％以上を提示する方針。物価高への対応もあり、昨年実績の3・7％を上回る引き上げを想定」

「ソフトバンクグループの国内通信会社ソフトバンクは定期昇給とベースアップをあわせて5・4％の賃上げを検討していると発表。足元の物価高への対応のため」

——などなどです。そしてこれらの発表通り、労働組合の中央組織・連合によれば、今春闘での正社員の賃上げ率は平均3・58％と前年より1・51ポイント増え、1993年の3・9％以来、30年ぶりの高水準となりました。

アメリカなどで主流の「ジョブ型雇用」を導入する日本企業も出てきました。

みずほフィナンシャルグループは「ジョブ型雇用」の仕組みを一部取り入れた新たな制度を2024年度から始めます。グループの社員約4万5000人の仕事内容を明確にして、仕事内容及び成果で社員を評価する「役割給」を導入する計画です。

「役割給」は仕事内容や難易度、能力に応じた役割に基づいて決定し、異動や担当替えでより難易度の高い仕事、責任の大きい役割を担うようになれば年齢にかかわらず賃金が上がります。異動や担当替えがなくても年1回、「役割給」を見直して賃金が上がるようにし、やる気の維持、向上につなげるとのことです。

「役割給」の導入は、仕事内容を賃金に反映することでグループ社員を柔軟に再配置できるようにする一方、優秀な専門人材を獲得しやすい人事制度に改めるのが狙いです。フィンテックすなわちITを活用した金融サービスの拡大など、デジタルトランスフォーメーションによる新たな顧客体験の創造に挑むメガバンクにとって、中途採用による優秀なテック人材の採用が欠かせません。

みずほフィナンシャルグループの取り組みは、デジタルトランスフォーメーションによる競争力向上という課題がメガバンクを変えつつある代表的な事例だと言っていいでしょう。

日本企業は間違いなく変わろうとしている

もちろんこれらの改革はまだ一部の動きにとどまっています。最大4割もの賃金水準引き上げを打ち出した大企業はファーストリテイリングだけです。2023年の春闘で正社員の賃金が3・58％引き上げられただけでは、今や2倍近くに開いてしまったアメリカなどとの賃金格差は埋まりません。しかも連合がしばしば「大企業の正社員クラブ」などと皮肉られるように、連合に所属する組合員の7割は社員500人以上の企業に勤務する正社員です。中小企業の社員や非正規で働く人たちを含めた賃金水準は目減りが続いています。厚生労働省が2023年9月上旬に発表した7月の実質賃金（物価変動を考慮した賃金）は前年同月比2・5％のマイナスでした。減少幅は6月の1・6％から拡大し、マイナスは16カ月連続です。

背景には、中小・零細企業が原材料価格上昇などのコスト増加分を大企業などへの納入価格に転嫁できていないという課題があります。中小企業庁が2023年6月に公表した「中小企業の価格転嫁に関する調査」では、同年3月時点の価格転嫁率（原材料価格の上昇などのコスト増加分のうち価格に転嫁できた割合）は47・6％と50％を下回っています。

「ジョブ型雇用」を導入した日本企業もまだ少数派です。しかもそれらの中には勤続年数や役職に応じた「職能給」部分を残すなど、年齢に関係なく職種によって賃金に差をつけるアメリカなどの「ジョブ型雇用」とは異なる仕組みを導入する企業も少なくありません。職種間で優劣・優先順位をつけたくない日本流の平等主義が完全な「ジョブ型雇用」導入の壁になっているのです。

しかし一部ではあっても、コストダウンを最優先する「縮み経営」から脱却しようとする動きが様々な業種で出てきているのは間違いなく良い兆候です。これらの動きが奔流となり中小・零細企業を含めた日本経済全体を活性化してくれることを私は心から期待しています。期待するだけではなく40年以上にわたり日本企業を取材してきた経済ジャーナリストとして応援していきたいとも思います。

日本企業が輝きを取り戻すための三つの提言

さあ、本書もいよいよ終わりに近づいてきました。日本企業がかつての輝きを取り戻すための提言を三つ掲げ、本書の結びとしたいと思います。

1、社員に報い、社員に投資する

「報われる賃金制度を導入し、他の先進国に劣後しない賃金水準へと近づけていく」「社員の能力開発のためのコストを惜しまない」「社員の『やる気』『幸福度』を最大限高めるにはどんな処遇・管理をすべきなのか、アメリカの先進企業の実例に学びつつマネジメントを再構築する」

社員の実績や努力に報い、社員の成長をうながすこのような取り組みは、回り道のように見えて日本企業の競争力を復活させる最も効果的かつ合理的な戦略です。独創的な機能や魅力的なデザイン、効果的なブランディングを実現できるのは社員だけだからです。

2、社員を信じ、加点主義で評価する

マネジメントを再構築する際には、社員への信頼を基本に据えるべきです。経営陣や上司が社員に対してやることなすことに報告を求め細かい指示を出す「マイクロマネジメント」も、仕事やノルマを無理強いし、できなければ減点する「脅しの経営」も百害あって一利無しです。

社員を信じ、加点主義で評価するマネジメントを実現するには、時代を読む「洞察力」と現場に権限を委譲できる「胆力」が経営者に求められます。社員のやる気を奮い起こし一致団結させる「人間力」も必要でしょう。そんなリーダーを育成・選別し、場合によってはスカウトするために、日本企業はもっとお金をかけるべきです。

3、起業家タイプのイノベーターに活躍の場を

コスト削減を最優先する縮み経営のもと、多くの大企業で節約や管理に長けたコストカッターが重用されてきましたが、今や新たな事業や製品を生み出す起業家タイプのイノベーターに活躍の場を与えるべき時です。そのためには人事や人員配置でイノベーターを意識的かつ積極的に枢要なポストへ引き上げる必要があります。

目に見えるお金の流れを点検し、コストを削減する引き算の仕事は実はさほど難しくはありません。いずれＡＩが代替するようになるはずです。日本企業により強く求められているのは新たな価値を生み出す仕事です。イノベーターをより高く評価する人事によって、「新たな価値を生み出す仕事こそ尊い」とする企業文化を醸成しましょう。

いずれまたこのような書籍執筆という形で皆さんとお会いする時には、ぜひ新たな経営に挑む日本企業の取り組みを紹介したいと思います。

＊1　2019年4月の有価証券報告書に記載された平均年収24万9804ドルを1ドル＝140円として計算。また日本の小売業の平均年収は、転職・求人サイトdodaの「平均年収ランキング最新版」による。

【著者】
渋谷和宏（しぶや かずひろ）
経済ジャーナリスト、作家。大正大学表現学部客員教授。1959年横浜市生まれ。84年法政大学経済学部を卒業後、日経BP社入社。日経ビジネス副編集長などを経て2002年4月『日経ビジネスアソシエ』を創刊、編集長に。ビジネス局長（日経ビジネス発行人、日経ビジネスオンライン発行人）、日経BP net総編集長などを務めた後、14年3月末、日経BP社を退職し、独立。日本テレビ『シューイチ』、TBSラジオ『森本毅郎・スタンバイ！』などに、コメンテーターとして出演中。

平凡社新書1044

日本の会社員はなぜ「やる気」を失ったのか

発行日――2023年11月15日　初版第1刷

著者――渋谷和宏
発行者――下中順平
発行所――株式会社平凡社
〒101-0051 東京都千代田区神田神保町3-29
電話 (03) 3230-6573［営業］
ホームページ https://www.heibonsha.co.jp/
印刷・製本―株式会社東京印書館
装幀――菊地信義

ISBN978-4-582-86044-3